Hans Peter Roentgen

Klappentext, Pitch

und anderes Getier

Die Deutsche Nationalbibliothek verzeichnet diese Publikation in der Deutschen Nationalbibliografie; detaillierte bibliografische Daten sind im Internet über www.dnb.de abrufbar.

Impressum
Copyright (C) 2018 Hans Peter Roentgen
www.hanspeterroentgen.de

Herstellung und Verlag:
BoD – Books on Demand, Norderstedt
Umschlaggestaltung: Isabell Schmitt-Egner
ISBN 9783746043562

Inhalt

Einleitung

Klappentexte gehören zum Marketing, sie sollen die Bücher verkaufen. Kaum etwas stürzt Selfpublisher so in Verzweiflung, wie die Erstellung dieses Texts.

Ich verrate Ihnen was. Klappentexte sind nicht nur Marketing. Sie sind auch ein erster Test Ihres Buches, der dem Leser einen Einblick, ein Gefühl vermittelt über das Besondere Ihrer Geschichte. Warum sie das Buch dringend lesen müssen. Solange Sie das nicht vermitteln können, steht es schlecht um die Chancen Ihres Projekts.

Nika Lubitsch sagte zu mir im Interview: »Ein Film, den du nicht in einem Satz zusammenfassen kannst, wird ein Flop«. Das gilt auch für Bücher. Deshalb benötigen Sie einen Pitch, einen Satz, der Ihren Roman zusammenfasst.

Bevor Sie sich jetzt die Kugel geben, hier die gute Nachricht. Das kann man lernen. Ich helfe Ihnen gerne dabei, treffende Pitchs und ausdrucksstarke Klappentexte zu verfassen.

Wie in allen meinen Schreibratgebern diskutiere ich das Thema an Beispielen, weil die Erfahrung zeigt, dass das am effektivsten ist. Learning by Doing. Ich habe Klappentexte von erfolgreichen Selfpublishern wie auch von Newcomern dafür ausgewählt.

Außerdem habe ich Selfpublisher interviewt und Verlagslektorinnen, die viele Jahre Erfahrung im Design von Klappentexten vorweisen können.

Übung macht den Meister. Fangen wir an![1]

---

[1] Alle Links dieses Buches finden Sie unter: http://bit.ly/2HeWbky

Der Klappentext

Bei jedem Werbetext sind zwei Sätze wichtig: der erste und der letzte. Der Erste ködert den Leser, den Text zu lesen. Der Letzte soll zum Kauf führen.

Schauen wir uns kurz den Aufbau eines Klappentextes für einen Roman an.

Der erste Satz

Der erste Satz ist der **Pitch**, der Untertitel Ihres Buches. Sie können auch einen Satz, **ein** treffendes **Zitat** aus Ihrem Buch nehmen.

Die Mitte

Nach dem Pitch folgen ein, zwei Absätze, jeder zwei bis drei Sätze lang, die anschaulich ausführen, wo die Geschichte beginnt, die die Atmosphäre des Buches vermitteln und den Konflikt vorstellen.

Der Schlusssatz

Der Schlusssatz benennt Genre und Thema des Romans.

Zitat aus einer Rezension

Wenn vorhanden, folgt danach ein Satz aus einer Zeitungsrezension oder von einem bekanntem Autor.

Die Kurzvita

Optional kann ein Satz über den Autor folgen. Warum er sich mit dem Thema auskennt und was ihn daran fasziniert.

Der Klappentext in Theorie und Praxis

Nicht nur im Buch, erst recht im Klappentext gilt: Show, don`t tell (Zeigen, nicht behaupten). Behaupten Sie nicht, wie toll das Buch ist, sondern lassen Sie es den Leser erleben. Stellen Sie ihn mitten in die Szene.

Der **Konflikt** ist die **Frage**, die das Buch stellt. Wird Frodo den Ring vernichten können? Wird der Kommissar den Mörder stoppen? Wie kriegen sich die beiden Liebenden?

Trockenschwimmkurse nützen niemandem. Wer schwimmen lernen will, muss schwimmen. Deshalb finden Sie hier abwechselnd Grundlagen zum Aufbau von Klappentexten und Beispiele, wie Sie sie überarbeiten können.

Einen Stein der Weisen gibt es so wenig dafür wie eine Bestsellerformel. Nicht alles gefällt jedem. Sie können unterschiedliche Klappentexte für den gleichen Text entwerfen.

Fragen Sie sich bei jedem Beispiel: Würde mich dieser Klappentext reizen, das Buch aufzuschlagen? Warum?

Beginnen wir mit dem Pitch.

Der Pitch, dein Freund und Helfer

Pitchen ist Kurzstrecken-Texten

Wenn ein Freund Sie fragt: Worum geht es in deinem Buch, müssen Sie ihm das in einem Satz erklären können.

»Ja, also da geht es um das Entscheiden und um die Liebe, meine Heldin verliebt sich in zwei Männer, aber auch um das Muttersein, denn sie bekommt ein Kind und eigentlich ist sie ein Hippie und ...«

Spätestens hier schaltet Ihr Zuhörer ab und interessiert sich nicht weiter für Ihr Projekt. Sie brauchen einen **Pitch**, der das Buch vorstellt[1].

Denn wenn nicht einmal der Autor weiß, was und worüber er erzählen will, warum soll es dann jemand lesen? Was besonders traurig wäre, wenn es sich bei dem Gesprächspartner um einen Journalisten handeln würde.

Der Fahrstuhlpitch

Der Begriff Pitch kommt wie vieles aus Amerika und wurde unter dem Namen »**Fahrstuhlpitch**« bekannt. Sie treffen zufällig einen Verleger oder Journalisten im Fahrstuhl und wollen ihn für Ihr Buch begeistern. Bevor er aussteigt, müssen Sie ihn überzeugt haben.

Das ist die Theorie. Ich kenne viele Autoren, aber keinen, der seinen Verleger im Fahrstuhl getroffen hat. Das ist die Praxis. Dennoch ist das ein gutes Bild, um den Sinn des Pitchs zu verstehen.

---

[1] Manchmal auch One-Liner oder Logline genannt.

Keine Scheu vor kurzen Sätzen

Ich habe auf der Frankfurter Buchmesse als Experte für Exposé und Klappentext etliche Autorinnen und Autoren im **Speed-Dating** betreut. Die allerwenigsten konnten mir auf Anhieb sagen, worum es in Ihrem Buch ging. In Deutschland gelten Bücher als platt, deren Konflikt man in einem Satz darstellen kann. Jeder soll sich schämen, der seine Gedanken so einfach ausdrücken kann, so vorherrschende Meinung vieler in Deutschland.

Das Gegenteil ist richtig. Um ein Buch in einem Satz vorzustellen, erfordert es Können und Verständnis. Sie müssen den Kern des Buches erfassen und ihn so darstellen, dass es den Leser mitreißt, ihn neugierig macht.

Gefühle wecken

Natürlich kauft niemand ein Buch aufgrund des genialen Pitchs. Aber er reizt den Leser in der Buchhandlung, das Buch aufzuschlagen, in Online-Plattformen die Leseprobe anzuklicken.

Dazu muss Ihr Pitch Emotionen, Assoziationen wecken. Zum Lesen verführen. Ein bekanntes Beispiel:

Sie brachte eine kleine Stadt auf die Beine und zwang ein großes Unternehmen in die Knie.

Das ist »Erin Brockovich« mit Julia Roberts.

Ich kann es vor mir sehen, dieses Bild. Sie auch? Eine einzelne Frau mobilisiert eine kleine Stadt und zwingt einem großen Konzern ihren Willen auf.

Das lässt einen Film im Kopf ablaufen. Hier wird mit Gegensätzen gearbeitet. Und mit Archetypen. David und Goliath. Mit wenigen Worten erfahren wir den Konflikt.

Sprache und Stil

Auch sprachlich hebt sich der Satz von den gängigen Werbeklischees ab. Zwei bekannte Sprichwörter werden hier geschickt miteinander verwoben: »Auf die Beine kommen« und »in die Knie zwingen«.

Wie bezwingt die Frau das Unternehmen, fragt sich der Leser und schlägt das Buch auf …

Wie würden Sie die folgende Variante beurteilen?

Das ist die Geschichte einer Frau, die es mit mächtigen Firmen aufnimmt und sie besiegt.

Würde sie funktionieren? Ich glaube nicht.

Den Pitch entwickeln

Was halten Sie von folgendem Pitch?

Das ist die berührende Liebesgeschichte von Julia, die ihre große Liebe findet, sie aber auf tragische Weise verliert. Eine Geschichte voller Emotionen, Tragik und Liebe!

Wenn ich das lese, denke ich, dass die Geschichte nicht berührt, keine Emotionen hat und die Tragik behauptet wird. Warum? Weil sich nirgendwo etwas findet, das diese Behauptungen belegt. Auch ein Pitch muss anschaulich sein.

Julia verliebt sich in Romeo, doch ihre Familien sind Todfeinde und schrecken vor Mord nicht zurück, um die beiden zu trennen.

Zwei verlieben sich ineinander, aber ihre Familien akzeptieren das nicht, und wenn die beiden nicht auf ihre

Liebe verzichten, riskieren sie ihr Leben. Sehr viel konkreter als die marktschreierische Behauptung davor, die auf jeden Liebesroman zutrifft.

Pitch ist Selbstkontrolle

Der Pitch zeigt der Kern der Geschichte, den Konflikt möglichst anschaulich. Dass der Stil toll ist, die Verwicklungen spannend, solche allgemeinen Behauptungen überzeugen niemanden.

Der Pitch ist eine gute Selbstkontrolle, um zu prüfen, ob der Grundkonflikt der Geschichte trägt.

Und wie finden Sie Ihren Pitch?

Jede Geschichte hat zwei wichtige Punkte am Anfang. Der erste ist der Punkt, der den Alltag beendet. Das ist der **Auslöser der Geschichte**.

Der zweite ist der »**Point of No Return**«. Die Stelle in der Geschichte, an der es kein Zurück mehr in den Alltag gibt. Oft fallen beide zusammen.

Diese Punkte können Ihnen einen Pitch liefern.

Beispielpitchs

Der Hundertjährige, der aus dem Fenster stieg, da ist der Titel gleichzeitig der Pitch. Der Alltag im Seniorenheim führt zu einer Geburtstagsfeier, die der Hundertjährige nicht mitfeiern will. Er steigt aus dem Fenster. Die Geschichte beginnt.

Frodo lebt gemütlich und zufrieden sein Hobbitleben. Da kreuzen die Nazgul über dem friedlichen Dorf auf und Frodo muss fliehen.

Damit beginnt der Herr der Ringe.

Den Film starten

Ein Pitch, ein Klappentext soll im Leser oder Zuhörer einen **Film starten**. Genau wie ein Buch. Und dieser Film soll so interessant sein, dass der Leser wissen will, wie er ausgeht.

Viele Anfänger glauben, dass es ihre Aufgabe als Autor sei, diesen Film zu erzählen. In aller Ausführlichkeit, um sicherzustellen, dass genau der geplante Film im Gegenüber abläuft.

Nichts ist falscher. Sie sollen nicht den Film erzählen, sondern etwas, das im Gegenüber den Film startet. Also **Assoziationen wecken**.

Pitchtypen

Hier stelle ich Ihnen einige **Pitch-Typen** vor, mit denen Sie arbeiten können.

Der Gegensatz

Gegensätze sind immer gut im Pitch. Die kleine Stadt und das große Unternehmen.

Der Dreiertyp

Der **Dreiertyp** fasst drei Elemente kurz und knapp zusammen.

»Eine Magierschule, die keine Frauen mag. Ein Mädchen, das unbedingt Magie studieren will. Und ein Magier, der sich an Frauen rächt.«

Hier dürfen es ausnahmsweise auch mal drei Sätze sein.

Der Anfang

Was Ihre Geschichte in Gang setzt, liefert einen guten Pitch.

Der Oberbürgermeister wird ermordet und seine Stellvertreterin hat kein Alibi, dafür viele, die ihren Kopf rollen sehen wollen.

Der Konflikt

Was steht auf dem Spiel? Das beschreibt der **Konflikt**.

»Nur noch ein Ring fehlt dem dunklen Lord, um Mittelerde zu knechten. Den hat Frodo und jetzt ist er auf der Flucht.«

Verschiedenes verbinden

Zwei bekannte Figuren verbinden, die nichts gemein haben.

»James Bond trifft Don Quichotte«

Oder zwei bekannte Buchtitel verbinden:

»Das Schweigen der Lämmer im Harry Potter Universum«

Da müssen Sie allerdings aufpassen, in wieweit Sie die Rechte des Originals verletzen, im Zweifelsfall sollte man einen Rechtsanwalt um Rat fragen.

Zitate

Ein gutes Zitat aus Ihrer Geschichte kann ebenfalls einen Pitch liefern.

»Ich bin eine Gefangene der Geschichte. Etwas, das dort nicht hingehört.« (Noras Welten, Madeleine Puljic)

Archetypen

»Romeo und Julia«, »David gegen Goliath«, **Archetypen** liefern gute Pitchs.

Übung

Wählen Sie ein besonderes Buch aus Ihrem Bücherregal. Eines, das Sie gut kennen, das Sie lieben. Dann formulieren Sie für das Buch Pitchs. Für jeden Typ einen.

Fällt Ihnen das schwer? Vermutlich. Schauen Sie auf den Klappentext, dort steht in der Regel ein Satz, der als Pitch verwendet werden kann. Zu welchem Typ gehört dieser Pitch?

Pitchen in der Politik

Ich bin kein Anhänger von Trump, aber er ist Meister des Pitchs. Parolen wie »Make Amerika great again«, »Amerika First« starteten in den Wählern einen Film, der sie zu den Wahlurnen strömen und ihm ihre Stimme gegeben ließen. Kurze Sätze, kurze Worte, die Assoziationen wecken, die Wünsche vieler Menschen ansprechen.

Allerdings zeigt Trump auch etwas anderes. Seine Pitchs sind glitzernde Versprechungen, hinter denen nichts steht, das diese erfüllen könnte. Er preist Dinge an, die er gar nicht liefern kann. Trump ist gewählt, jetzt ist es zu spät. Bei Büchern ist es einfacher als bei Präsidenten. Leserinnen schreiben Verrisse, wenn das Buch nicht hält, was Pitch und Klappentext versprechen.

Das sollten Sie immer beachten: Sie dürfen Ihr Projekt in den leuchtendsten Farben schildern. Aber es muss dem

Pitch entsprechen. Eine Familienkutsche, die Sie als Rennwagen bewerben, ein Rennwagen, den Sie als Familienkutsche anpreisen, das funktioniert nicht.

Trigger-Worte

Sie werden im Internet immer wieder die Empfehlung lesen, Triggerworte (auch Powerwords genannt) zu verwenden. Das sind emotionsgeladene Worte wie Liebe, Wut, Angst, Tod. Damit sollen die Leser in die gewünschte Stimmung versetzt werden.

Ich stehe den Triggerworten ambivalent gegenüber. Einerseits können sie, richtig eingesetzt, wirken. Andererseits wecken Worte alleine keine Gefühle, vor allem nicht, wenn sie häufig verwendet werden.

Große Liebe. Weckt das bei Ihnen Emotionen? Vielleicht ein bisschen, aber schmelzen Sie dahin, wenn Sie dieses Wort hören?

Und wie sieht es damit aus:

Gina hat mit Rolf endlich die große Liebe gefunden. Doch dann tauchen Drogenhändler auf, die früher mit ihm zusammengearbeitet haben, bevor er clean wurde. Und entführen ihn.

Ich wette, das wird bei den meisten Lesern mehr Gefühle wecken.

Was weckt das Wort Serienmörder bei Ihnen? Bei mir nichts, weil es sich auf jedem zweiten Krimi findet.

Ein Serienmörder schlachtet Kindergärtnerinnen ab. Maria, Leiterin des Kindergartens Waldvogel, hat bereits zwei Mitarbeiterinnen verloren.

Wetten, dass das sehr viel wirkungsvoller ist? Denn Worte allein wecken nicht die Emotionen. Stehen sie aber in einem Kontext, sieht das anders aus. Achten Sie also darauf, dass Sie Triggerworte verwenden. Aber versehen Sie sie mit einem Kontext, in dem sie auch wirken.

Kommt Ihnen das bekannt vor? Ja, das ist **Show, don`t tell**. Ein Wort allein ist eine Behauptung. In dem richtigen Umfeld kann es aber den Leser packen.

Eine Nacht für Juli

Und damit sind wir bei unserem ersten Beispiel.

Eine Nacht für Juli

Eine Nacht für Juli ist eine Geschichte vom Entscheiden.

Juli ist fünfundzwanzig und geprägt von den Parolen der Hippiebewegung. In dem Film »Hair« ist sie mindestens fünfmal gewesen, und sie sieht die Welt häufig durch ihre »Hair«-Brille.

Nach der Trennung von ihrem Freund macht sie sich auf den Weg, sich selbst zu erkunden, wie ein verwildertes Stück Garten, in dem man einen verwunschenen See zu finden hofft. In manchen Momenten schwindelt ihr von der ganzen Freiheit. Sie weiß nicht, ob sie sich im freien Flug oder im freien Fall befindet, und stolpert wie ein weiblicher Candide durch die Kiffer-Szene der Ruhrgebietsstadt, in der sie lebt. Dabei versucht sie, ihrer Rolle als Mutter gerecht zu werden und gleichzeitig die Leichtigkeit des Seins zu leben. Sie verliebt sich gleichzeitig in zwei Männer und kann sich nicht entscheiden. Am Ende begreift sie, dass sie sich für sich selbst entscheiden muss.

Lektorat

Eine junge Frau, die Flower-Power leben will, aber gleichzeitig ihrer Verantwortung als Mutter gerecht werden möchte. Da sind Konflikte vorprogrammiert. Doch kommen diese in dem Klappentext heraus? Lockt er zum Lesen?

Ich finde, ja. Allerdings funkt der Pitch, der erste Satz des Klappentextes, nicht.

Eine Nacht für Juli ist eine Geschichte vom Entscheiden.

Das sagt nur wenig – denn was ist eine Geschichte vom Entscheiden?

Obendrein wird hier ein substantiviertes Verb benutzt, das wirkt immer wenig lebendig. Beim Pitchen ist der Stil noch wichtiger als im Roman. Benutzen Sie Verben, aktive Verben statt Substantive wie im berühmt berüchtigten Nominalstil des Beamtendeutschs.

Wie würde dieser Pitch aussehen, wenn wir das Verb verwendeten? Und ihn etwas persönlicher, konkreter fassen würden?

Juli muss sich entscheiden.

Der Satz wäre aussagekräftiger, weil hier die Person und ihr Problem im Mittelpunkt stehen.

Ginge es noch besser? Zwischen was muss sie sich entscheiden?

Juli muss sich zwischen einem Leben als Hippie-Mädchen und einem als Mutter entscheiden.

Das würde den Ausgangskonflikt benennen. Aus dem Entwurf des Klappentextes geht allerdings hervor, dass das die falsche Alternative wäre. Sie muss sich für sich selbst entscheiden, sagt dieser Schluss. Nicht für einen Lebensplan, der nicht der ihre ist.

Darf man im Klappentext den Schluss verraten? Wer den Mörder im Krimi verrät, gewinnt nicht den Publikumspreis.

In diesem Fall würde es aber funktionieren. Denn hier wird nicht gesagt, wie die Entscheidung aussehen wird. Kein Spoiler, sondern die Aufgabe von Juli wird benannt. Die Aufgabe, die ihr der Geschichte stellt.

Und was sagt uns der Mittelteil?

Juli ist fünfundzwanzig und geprägt von den Parolen der Hippiebewegung. In dem Film ‚Hair‘ ist sie mindestens fünfmal gewesen, und sie sieht die Welt häufig durch ihre »Hair«-Brille.

Nach der Trennung von ihrem Freund macht sie sich auf den Weg, sich selbst zu erkunden, wie ein verwildertes Stück Garten, in dem man einen verwunschenen See zu finden hofft.

Ist das anschaulich? Entwickeln Sie eine Vorstellung von Juli, ihrem Leben und der Geschichte?

Auch hier sollte man die Formulierungen anschaulicher gestalten. Vielleicht:»Juli ist fünfundzwanzig und glaubt an Love, Peace und freie Liebe«? Der Satz»ist fünfmal in dem Film ‚Hair‘ gewesen« ließe sich ebenfalls besser formulieren:»Den Film ‚Hair‘ hat sie mindestens fünf Mal gesehen.«»Ist gewesen« ist eine Hilfsverbkonstruktion, die nicht sehr lebendig wirkt.

Ach ja, wann spielt die Geschichte? Das wird nicht gesagt. Da der Film»Hair« genannt wird, spielt es auf jeden Fall nach 1979. Doch das weiß nur, wer weiß, dass Miloš Forman»Hair« 1978 gedreht hat, lange nach dem Ende der

Hippiebewegung. Ich würde das Jahr im Klappentext nennen.

Der Stil

Was sagen uns die beiden ersten Absätze noch? Dass der Roman poetisch sein wird. Denn dass sie in dem verwilderten Garten ihrer Psyche einen See zu finden hofft, dieses Bild stimmt auf einen poetischen Roman ein. Zu einem Hardboiled-Detective würde das auf keinen Fall passen.

Der Stil eines Klappentextes bestimmt auch die Erwartungen der Leser. Und hier passt er zu der Hauptfigur Juli. Verträumt, ein wenig auf Wolke Sieben schwebend, so schildert sie uns dieser Text.

Der nächste Abschnitt geht genauso poetisch weiter:

In manchen Momenten schwindelt ihr von der ganzen Freiheit. Sie weiß nicht, ob sie sich im freien Flug oder im freien Fall befindet, und stolpert wie ein weiblicher Candide durch die Kiffer-Szene der Ruhrgebietsstadt, in der sie lebt.

Wissen Sie, was ein »weiblicher Candide« ist? Den Film »Hair« dürften die meisten dem Namen nach kennen. Aber gilt das auch für Candide? Da verlässt sich der Text darauf, dass der Leser aus dem Zusammenhang erschließt, wer dieser Candide sein könnte.

Namen nennen

Eigentlich haben uns die ersten beiden Abschnitte bereits die Grundkonstellation von Juli vorgestellt. Neu wäre, dass sie durch die Kiffer-Szene der Ruhrgebietsstadt stolpert. Hier würde ich den Namen der Stadt nennen, statt allgemein »eine Ruhrgebietsstadt« zu schreiben. Und es wäre gut, jetzt den Konflikt konkreter zu schildern, in dem sich Juli befindet. Das geschieht im nächsten Satz:

Dabei versucht sie, ihrer Rolle als Mutter gerecht zu werden und gleichzeitig die Leichtigkeit des Seins zu leben. Sie verliebt sich gleichzeitig in zwei Männer und kann sich nicht entscheiden.

Sie hat ein Kind. Und das gibt Probleme, denn Kinder fordern nun mal Planung und Sicherheit. In den Tag hinein leben, das geht nur bedingt, und vor der unerträglichen Leichtigkeit des Seins bleiben Eltern deshalb meist bewahrt.

Wir wissen aufgrund unserer Lebenserfahrung, dass Eltern sein und in den Tag hinein leben, sich ausschließen. Deshalb assoziieren wir in diesem allgemeinen Klappentext sofort Probleme. Ich würde aber eines davon, beispielhaft in einem Satz benennen. Vermutlich dürfte dieser Konflikt ihr Leben viel stärker bestimmen als die beiden Lover, die sie sich zulegt. Oder reagiert ihr Kind allergisch auf ihr Liebesleben? Auch das wäre etwas, mit dem dieser Abschnitt lebendiger gestaltet werden könnte.

Der Schlusssatz

»Am Ende begreift sie, dass sie sich für sich selbst entscheiden muss«, das wäre die Lösung des Konflikts. Es geht nicht darum, zwischen einem Leben als Hippie und dem der traditionellen Mutterrolle zu wählen. Sondern darum, das eigene Lebenskonzept zu entwickeln.

Dieser Klappentext stellt die Aufgabe der Heldin vor, verrät dem Leser aber nicht, wie es ausgeht und auf welchem Weg sie ihre Heldenreise durchsteht. Sonst wäre es ein Spoiler. Ach Ja, im Text taucht zweimal hintereinander »gleichzeitig« auf, einmal reicht.

Neue Fassung

Eine überarbeitete Version des Klappentextes wäre:

Juli ist fünfundzwanzig und glaubt an Love, Peace und freie Liebe. Den Film ‚Hair' hat sie mindestens fünf Mal gesehen. Dabei schreiben wir 2015 und aus den Hippies sind längst brave Bürger geworden.

Sie trennt sich von ihrem Freund, stolpert wie ein weiblicher Candide durch die Kiffer-Szene Bochums, verliebt sich in zwei Männer und kann sich nicht entscheiden. Sie macht sich auf den Weg, sich selbst zu erkunden, wie ein verwildertes Stück Garten, in dem man einen verwunschenen See zu finden hofft. Und gleichzeitig versucht sie, ihrer Rolle als Mutter gerecht zu werden.

Am Ende begreift sie, dass sie sich für sich selbst entscheiden muss.

Was habe ich hier gemacht?

Einmal habe ich die abstrakte Entscheidung hinter die konkrete Aufzählung gesetzt. Peace, Love und freie Liebe, das weckt Assoziationen beim Leser. Setzt einen Film in Gang. Dass sie sich in zwei Männer verliebt, durch die Kifferszene stolpert, verstärkt das. Dass sie sich nicht entscheiden kann, ist die Zusammenfassung.

Warum habe ich Candide hier drinnen gelassen? Wenn doch die meisten mit dem Namen nichts anfangen können?

Weil er zusammen mit den anschaulichen Bildern einen

Eindruck weckt, was ein weiblicher Candide ist. Außerdem suggeriert die Nennung Candides auch einen gewissen intellektuellen Anspruch des Romans.

Wo beginnt die Geschichte?

Der Pitch liefert uns die **Headline**, den **Untertitel** des Buches. Danach folgt, was die Geschichte in Gang setzt.

Jede Geschichte beginnt dort, wo der Alltag endet. Wenn die Finanzdirektorin Michaela Meier morgens duscht, ihren beiden wohlgeratenen Kindern das Müsli macht, ihr Mann sie anschließend in die Schule chauffiert, während sie zwei Körnerbrötchen mit Schinken und eine Tasse Kaffee mit Milch frühstückt, dann in ihr Büro radelt, die Post und die Emails liest, ist das ihr Alltag – und für Leser nicht interessant.

Oder würde ein Klappentext Sie ansprechen, der das alles beschreibt?

Spannend wird es, sobald etwas geschieht, das diesen Alltag durchbricht. Wenn zum Beispiel ihr Vorgesetzter ihr eröffnet, dass eine Anzeige gegen sie vorliegt. Ihr wird vorgeworfen, sie habe Firmen vorab die Informationen über Finanzprüfungen geliefert, sie gewarnt und dafür reichlich Bestechungsgelder kassiert.

Das wäre im Roman die Szene, mit der man beginnen würde. Und im Klappentext böte sich das ebenfalls an:

Der Finanzdirektorin Michaela Meier eröffnet ihr Chef, dass sie der Bestechung beschuldigt wird ...

Spannender als das Körner- und Müslifrühstück.

Wenn der Alltag aber ungewöhnlich ist, dann eignet er sich für den Klappentext. Zum Beispiel bei Erin Brockovich:

Erin Brockovich ist eine Katastrophe auf zwei Beinen: keine Schulausbildung, zweimal geschieden, drei kleine Kinder. Nur widerwillig gibt der abgebrühte Anwalt Masry der Lady mit der großen Klappe und den schlechten Manieren einen Job als Aushilfe in seiner Kanzlei. Um sich die Furie vom Leib zu halten, beschäftigt Masry die nervige Erin mit dem Wegsortieren unbedeutender Kleinfälle. Er kann nicht ahnen, dass sie dabei auf eine Akte stößt, die den Stein für den spektakulärsten und größten Schadenersatzprozess aller Zeiten ins Rollen bringt - und Erin Brockovich seine treibende Kraft wird ...

(Klappentext für Erin Brockovich bei Amazon)

Hier ist der Alltag (Katastrophe auf zwei Beinen, drei kleine Kinder, zweimal geschieden) so ungewöhnlich, dass er sich als Beginn des Klappentextes eignet.

Und wo beginnt in diesem Fall die Geschichte? Als der Rechtsanwalt ihr einen Job als Aushilfe gibt. Der bisherige Alltag (arbeitslos) endet damit. Und wir ahnen, dass die Katastrophe auf zwei Beinen jetzt nicht in einem bürgerlichen Alltag wechseln und die nächsten drei Jahrzehnte Akten für den Rechtsanwalt sortieren wird.

Der Punkt, an dem die Geschichte beginnt, eignet sich immer für den Klappentext. Und Sie sollten ihn kennen.

Übung

Schreiben Sie in einem Satz auf, wo Ihre Geschichte beginnt. Und dann, warum dies der Anfang Ihrer Geschichte ist. Diese Begründung darf länger als ein Satz werden.

Miras Welt

(c) Marlies Lüer

Melissa sieht ihr Leben zerbrechen: Ihr Freund gibt ihr den Laufpass und sie verliert die Wohnung. Auch in ihrer Redaktion ziehen dunkle Wolken auf.

Obwohl sie mit allem völlig überfordert ist, besucht sie Mira Mertens im Rahmen einer Reportage über altes Heilwissen. Die weißhaarige Dame bewirtet sie mit warmen Kokosbällchen, Gewürzkaffee und lädt sie in »Gottes Gästezimmer« ein.

Melissa entdeckt dort eine Familienchronik und taucht tief in die Vergangenheit ihrer Wirtin ein. Sie nimmt Anteil am Tod eines Kindes und tiefer Trauer. Aber sie erfährt auch, wie Mira mit Hilfe der Engel zu neuer Lebensfreude fand und für andere Menschen zur Lichtbringerin wurde.

MIRAS WELT spinnt einen feinen Kokon um zeitlose Freundschaft, Liebe und tiefe Spiritualität.

MIRAS WELT lädt den Leser ein, Herzenswärme und Zuversicht zu tanken.

Lektorat

Der Pitch, ich kann mich nur wiederholen, sagt, ob es ein Krimi ist, eine Liebesgeschichte, ein hochliterarisches Werk. Je nachdem werden potentielle Leser es weglegen (wenn das Genre nicht ihres ist) oder weiterlesen (falls das Genre stimmt und der Pitch spannend klingt).

Was sagt uns dieser erste Satz:»Melissa sieht ihr Leben zerbrechen.«? Leider sehr wenig. Wir wissen, dass es um eine Frau geht, die einen schweren Schicksalsschlag erleidet. Das kann viel bedeuten. Ein Liebesroman, und sie findet endlich Mr. Right? Oder ein zeitgenössischer Roman? Vielleicht haben böse Buben ihr Leben zerbrechen lassen und es ist ein Krimi?

Übrigens: Wieso sagt der Hauptsatz, dass Melissa »sieht«? Ist das wirklich die Hauptsache? Oft werden solche Sätze »Sie sah ...« in Texten formuliert, die ich erhalte. Aber das Wichtige ist nicht, dass die Heldin »etwas sieht«, sondern es ist das, was sie sieht. Besser wäre in diesem Fall: »Melissas Leben zerbricht.«

Zurück zum ersten Satz:»Melissa sieht ihr Leben zerbrechen«.

Ich kenne das Werk nicht, das dieser Klappentext bewerben soll. Doch ich empfehle, einen eindrücklicheren ersten Satz zu wählen.

Danach wird aufgelistet, was das heißt: Ihr Freund verlässt sie, sie verliert die Wohnung, und auch am Arbeitsplatz ziehen dunkle Wolken auf. Das ist eine gute Aufzählung, die einen genaueren Einblick gibt, was da zerbricht. Der Alltag mit Freund, Wohnung und sicherem Job ist zu Ende.

Der nächste Absatz führt aus, wo die Geschichte beginnt. Im Krimi wäre es ein Mord, hier ist es der Besuch bei einer alten Dame:

Obwohl sie mit allem völlig überfordert ist, besucht sie Mira Mertens im Rahmen einer Reportage über altes Heilwissen. Die weißhaarige Dame bewirtet sie mit warmen Kokosbällchen, Gewürzkaffee und lädt sie in ‚Gottes Gästezimmer' ein.

Gibt Ihnen das eine Vorstellung? Kokosbällchen, Gewürzkaffee und »Gottes Gästezimmer«? Ja, wir entwickeln ein erstes Bild von dem Treffen und Mira.

Der nächste Absatz bleibt blass:

Melissa entdeckt dort eine Familienchronik und taucht tief in die Vergangenheit ihrer Wirtin ein. Sie nimmt Anteil am Tod eines Kindes und tiefer Trauer. Aber sie erfährt auch, wie Mira mit Hilfe der Engel zu neuer Lebensfreude fand und für andere Menschen zur Lichtbringerin wurde.

Das klingt ein wenig, als würde sie auf eigene Faust das Zimmer und die Wohnung durchsuchen und zufällig eine Familienchronik entdecken. Gemeint ist, dass die Wirtin ihr diese Chronik zeigt. Das würde ich dann auch so schreiben.

Und was heißt: »Sie nimmt Anteil am Tod eines Kindes«? In der Chronik wird der Tod eines Kindes der Wirtin geschildert. Nur sagt uns »Tod eines Kindes« wenig. Wie ist es gestorben? »*Ein betrunkener Fahrer überfuhr ihr Kind, als es fünf war ...*«

Wenn das dort steht, wird der Leser die tiefe Trauer mitempfinden. Im Moment wird sie nur behauptet.

Ach ja, was ist das Besondere an Mira? Noch ist sie eine nette, alte Dame, die in ihrem Leben viel erlebt hat und deshalb einer jungen Frau Trost spenden kann. Das sagt der Absatz mit den Kokosbällchen. Doch das allein deutet noch keine Geschichte an.

Dann erfährt Melissa etwas. Dass jemand etwas erfährt, das lese ich häufig in Texten. Und ich rate von solchen Konstruktionen ab. Sie klingen statisch, das Hauptaugenmerk liegt darauf, dass die Heldin »etwas erfährt«, aber nichts tut. Aktiver wäre hier besser:

Mira fand mit Hilfe der Engel zu neuer Lebensfreude und wurde für andere Menschen zur Lichtbringerin.

Damit endet der Klappentext, danach kommt eine Zusammenfassung. Natürlich schlussfolgern wir: Mira wird auch Melissa helfen können, ihre Trauer zu überwinden und wieder neues Lebensglück zu gewinnen.

Man könnte hier eine Frage formulieren, z. B.: »Wird Melissa ihre Lebensfreude zurückgewinnen?«

Der Schluss

Der Schluss fasst Thema und Art des Romans zusammen:

MIRAS WELT spinnt einen feinen Kokon um zeitlose Freundschaft, Liebe und tiefe Spiritualität. MIRAS WELT lädt den Leser ein, Herzenswärme und Zuversicht zu tanken.

Keine schlechte Idee. Nur geschieht es zweimal, in zwei Sätzen, die sich gegenseitig schwächen. Weniger ist oft mehr, und hier gilt das besonders. Wenn Sie das Gleiche zweimal sagen, wird es nicht eindrücklicher, sondern schwächer. Der erste Satz ist der bessere, den würde ich als Abschluss stehen lassen, den zweiten kann man streichen.

Übung

Nehmen Sie ein Buch aus Ihrem Bücherregal (oder aus dem E-Book-Reader).

Schreiben Sie auf, was der Alltag dieser Geschichte ist, der Hintergrund.

Dann formulieren Sie, wo sie beginnt. Am besten schriftlich, weil Sie dann genauer arbeiten werden.

Was setzt die Geschichte in Gang?

Wo die Geschichte beginnt, haben wir im vorigen Kapitel untersucht. Aber was setzt sie in Gang?

Ist das nicht dasselbe?

Manchmal ist es das. »Der Hundertjährige, der aus dem Fenster stieg und verschwand«, das ist nicht nur der Titel des Buches, sondern auch ein genialer Pitch. Gleichzeitig ein Satz, der sagt, wo die Geschichte beginnt und auch, was sie in Gang setzt.

Nicht immer ist es so einfach. In vielen Romanen fängt die Geschichte an und dann passiert etwas. Die Nazgul kreisen über dem Auenland. Das ist der Anfang. Frodo flieht vor ihnen. Das ist der »Point of No Return«, der Punkt, hinter dem es kein zurückgibt. Beides zusammen liefert die Vorlage für einen Klappentext.

Wildes Kraut aus dem Weltall

(c) Kurt Beinwell

Für diese Geschichte habe ich drei verschiedene Fassungen eines Klappentextes, die ich vorstellen und lektorieren möchte.

Text 1

Erst kommt seine Frau bei einem gemeinsamen Autounfall ums Leben, und er bleibt mit chronischen Schmerzen allein zurück. Was soll nun aus seinem kleinen Bauernhof werden? Bei einer Routinekontrolle des Weizenfeldes macht er einen merkwürdigen Fund und plötzlich scheint sich das Leben wieder zum Guten zu wenden.

Was er nicht weiß: Eine außerirdische Pflanze hält ihn auf dem eigenen Grundstück gefangen und manipuliert seinen Verstand. Kann er noch den eigenen Augen und Ohren trauen, und wird es ihm gelingen, sich von diesem wilden Kraut aus dem Weltall zu befreien?

Text 2

Markus Schmidt lebt allein auf der Farm, nachdem er bei einem tragischen Unfall seine Frau, und einen Teil der Gesundheit verloren hat. Er ist ein verzweifelter Landwirt, der sich irgendwo in Deutschland Sorgen um seine Zukunft macht.

Doch scheinbar liegt die Lösung all seiner Probleme auf dem Weizenfeld, wo in der letzten Nacht etwas vom Himmel gefallen ist ...

Eine spannende und kurzweilige Science Fiction/Mystery Kurzgeschichte. Sie könnte heute oder morgen jedem von uns passieren, vorausgesetzt Sie glauben an Aliens!

Text 3

© Anni Neumann

Ein tragischer Verlust stellt das Leben von Markus Schmidt auf den Kopf. Alle Hoffnungen und Träume scheinen zerschlagen. Doch nach einem mysteriösen Fund in seinem Weizenfeld verschwimmen Wunsch und Wirklichkeit, Fiktion und Faktum miteinander.

Wird er den Machtkampf, in dem es um nicht weniger als seine gesamte Existenz geht, für sich entscheiden?

Lektorat

Die gleiche Geschichte können Sie in unterschiedlichen Fassungen vorstellen. Wenn Sie mit Ihrem Klappentext nicht weiterkommen, ist es eine gute Idee, verschiedene Texte zu schreiben und zu vergleichen.

Aus diesen drei Versionen lässt sich leicht herausfinden, was das für eine Geschichte ist. Ein Bauer gerät in Schwierigkeiten und eine außerirdische Pflanze fällt in sein Weizenfeld, die ihm die Lösung aller seiner finanziellen und persönlichen Nöte verspricht. Doch wer sich mit Außerirdischen einlässt, sollte die Folgen bedenken.

Übung

Welche Fassung gefällt Ihnen am besten? Wählen Sie eine aus und schreiben Sie auf, warum.

Die Einzelteile

Schauen wir uns die Details genauer an:

Markus Schmidt bewirtschaftet mit seiner Frau einen Bauernhof und kann davon leben.

Das ist der Alltag.

Dann stirbt die Frau bei einem Unfall, er leidet unter chronischen Schmerzen und er kann nicht mehr zulangen wie früher.

Das ist der Beginn der Geschichte.

Und dann kommt die Pflanze aus dem Weltall. Das ist der Point of No Return.

Fangen wir mit dem Pitch an.

Schauen wir uns die ersten Sätze der drei Versionen genauer an:

1. *Erst kommt seine Frau bei einem gemeinsamen Auto-unfall ums Leben, und er bleibt mit chronischen Schmerzen allein zurück.*

Reizt Sie dieser Satz zum Weiterlesen? Er beschreibt, wie die Geschichte beginnt, nämlich mit einem Autounfall, bei dem seine Frau stirbt und er mit chronischen Schmerzen zurückbleibt. Sehr statisch formuliert.

Merke: Beim Klappentext kommt es auf die Formulierung an, sie sollte aktiv sein und es auf den Punkt bringen.

2. *Markus Schmidt lebt allein auf der Farm, nachdem er bei einem tragischen Unfall seine Frau und einen Teil der Gesundheit verloren hat.*

In dieser Fassung findet sich zwar ein tragisches Ereignis, aber was ist das Problem? Dass er einen Teil seiner Gesundheit verloren hat? Auch das klingt statisch, der Satz ist zudem lang und komplex aufgebaut.

Im Film gibt es die **KISS Regel**. **K**eep **i**t **S**imple, **s**tupid. Je verschlungener ein Satz ist, desto weniger eignet er sich als erster Satz eines Klappentextes.

3. *Ein tragischer Verlust stellt das Leben von Markus Schmidt auf den Kopf.*

Das ist sehr allgemein gehalten. Was stellen Sie sich unter »einem tragischen Verlust« vor, wenn Sie diesen Klappentext lesen? Das trifft auf tausende von Geschichten zu.

Ebenso der Satz »stellt das Leben auf den Kopf«. Obwohl dieser Text das Problem schildert, ist er so allgemein gehalten, dass der Leser es nur versteht, wenn er vorher das Buch gelesen hat.

In allen drei Fassungen wird die Bedrohung angesprochen. Der Bauer kann seinen Hof nicht mehr bewirtschaften.

Was wären die Folgen?

Er kann die Schulden nicht mehr bezahlen, kann keinen Gewinn erwirtschaften, kann nicht mehr von dem Hof leben.

Können wir den Satz vereinfachen?

Ein Bauer steht vor dem Ruin.

Jetzt haben wir einen einfachen Satz, der sagt, wo die Geschichte anfängt. Und damit auch einen, mit dem der Klappentext beginnen könnte. Obendrein habe ich die Formulierung verschärft. Markus Schmidt macht sich nicht Sorgen um seine Zukunft. Er steht vor dem Ruin.

Ruin, da läuft automatisch ein Film ab. Zwangsversteigerung, Verlust des Bauernhauses, Hartz IV, Leben in einer engen Sozialwohnung.

Fällt Ihnen etwas auf? Was genau wissen Sie über die Geschichte, wenn Sie den Satz lesen?

Dass Markus Schmidt vor dem Ruin steht. Dass es einen Unfall gab, dass die Frau starb, dass er chronische Schmerzen hat, habe ich weggelassen. Mut zur Lücke gehört zum Klappentext wie Bier zum Oktoberfest.

Habe ich nicht immer gepredigt: Ein Pitch sollte anschaulich sein? Und jetzt streiche ich den Unfall und die Schmerzen, beides sehr anschaulich?

Leser kennen die Furcht vor dem Ruin, vor der Pleite. Das löst ein Bild aus. Mehr brauchen wir nicht.

Die Lösung

Wir haben den drohenden Ruin am Anfang der Geschichte. Und wir haben eine Lösung: Die Pflanze aus dem Weltraum.

Doch dann fällt eine Pflanze aus dem Weltall in sein Weizenfeld und scheint die Lösung aller Probleme zu bringen.

Erst das Problem. Dann ein Aufatmen, es ist gelöst. Der Bauer ist erleichtert.

Fehlt etwas bei dem Satz?

Ja. Wieso ist die Pflanze eine Lösung? Besser wäre es, zu sagen, womit dieses Alien seine Probleme lösen könnte. Denken Sie daran: Show, don´t tell. Steigert die Pflanze die Fruchtbarkeit, der Weizen wird doppelt so schnell reif? Was auch immer, ein konkreter Ausblick ist gut. Hier sollte die Lösung angedeutet werden:

Doch dann fällt eine Pflanze aus dem Weltall in sein Weizenfeld, der Weizen, vorher kümmerlich wegen fehlender Düngung, blüht auf und wird dreifache Erträge bringen.

Konflikt – Lösung – größerer Konflikt

Das erste Problem ist gelöst. Die Pflanze rettet Schmidt. Aber in guten Geschichten folgt auf die Lösung einer Bedrohung sofort das nächste Problem. In unserem Fall: Die Pflanze manipuliert seinen Verstand. Er ist nicht mehr Herr im eigenen Kopf.

Formulieren wir das:

Was er nicht ahnt: Diese Pflanze manipuliert seinen Verstand. Bald ist er nicht mehr Herr im eigenen Kopf.

Das verschärft die Bedrohung.

Merke: Wo beginnt die Geschichte, wie sieht die erste Lösung aus, was ist die Katastrophe, die folgt? Dieser Aufbau im Klappentext hat sich bewährt.

Der Schluss

Damit haben wir den Text fertig. Oder?

Am Ende ist es immer gut, eine Zusammenfassung zu schreiben. Was ist das für eine Geschichte? Wie wäre es mit:

Eine Science-Fiction Geschichte aus unserer Zukunft!

Der erste und der letzte Satz eines Textes sind besonders wichtig. Denn die bleiben im Gedächtnis. Deshalb ist ein Abschlusssatz gut. Aber bitte keine Übertreibungen, kein Jahrmarktgeschrei.

Ein weiteres Lektorat

Eine weitere Lösung für das wilde Kraut aus dem Weltall hat meine Kollegin Nike Leonhard vorgeschlagen. Sie hat dankenswerterweise ein eigenes Lektorat geschrieben. Im Klappentextlektorat gibt es kein »richtig« oder »falsch«. Sondern verschiedene Lösungen.

Der einleitende Satz fasst die Ausgangssituation gut zusammen, enthält aber keinen narrativen Haken, der mich zum Weiterlesen bringt. Ein verzweifelter Landwirt, der vor dem Ruin steht – das ist für mich erst mal nichts als eine platte Behauptung, noch nicht einmal schön formuliert. Das Wort Ruin ist für mich viel zu pauschal, um Bilder hervorzurufen.

Um mich emotional zu packen, bräuchte es einer wesentlich konkreteren Begründung, für die sich durchaus einige der vorher gestrichenen Elemente verwerten. Da aller guten Dinge bekanntlich drei sind (besonders in Aufzählungen), packe ich sogar noch eins drauf:

Die Frau ist tot, sein Rücken kaputt und er weiß nicht mal, wie er die nächste Rate für den Mähdrescher aufbringen soll.

Das ist konkret, auch wenn der Ruin nicht erwähnt wird. So gefasst bedarf es eigentlich auch keiner Erwähnung, dass Martin Schmidt verzweifelt ist. Außerdem wollen wir tatkräftige Protagonisten, deshalb ist es m. E. besser, die Verzweiflung wegzulassen und ihm etwas Kampfgeist mitzugeben.

Aber noch ist Martin Schmidt nicht gewillt aufzugeben.

Damit hätten wir auch den Namen eingeführt. Als Nächstes brauchen wir den Bogen zur Entdeckung im Weizenfeld. Dabei wäre mir wichtig, nicht »irgendwas« aus dem Himmel fallen zu lassen, sondern gleich zu sagen, dass es eine Pflanze ist.

Woher weiß er überhaupt, dass sie aus dem Himmel stammt? Sieht er den Einschlag? Dann sollte das vielleicht erwähnt werden. Da ich die Geschichte nicht kenne, spinne ich weiter:

Bei einer morgendlichen Routinekontrolle stellt er fest, dass sich im Weizenfeld ein Kornkreis gebildet hat. Mittendrin steht eine Pflanze. Eine, wie Martin Schmidt sie nie zuvor gesehen hat.

An dieser Stelle kommt zur Frage, ob Martin Schmidt es schaffen wird, seinen Hof zu retten, die Neugier hinzu, was es mit dieser Pflanze auf sich hat. Jetzt bräuchte ich einen Handlungsschnipsel zum Überbrücken der Zeit. Also z. B.:

In der Hoffnung, mit seiner Entdeckung wenigstens etwas Geld zu verdienen, nimmt er Proben und schickt sie an verschiedene biologische Institute. Während er auf die Ergebnisse wartet, scheint sich sein Leben allmählich wieder zum Guten zu wenden.

Nach dieser scheinbaren Wendung zum Guten, ist es natürlich Zeit für die Wendung zum ganz Bösen und für den dritten narrativen Haken. Hier gefällt mir ein Mix aus der Musterlösung und dem dritten Vorschlag am besten.

Was er nicht weiß: Die Pflanze manipuliert seinen Verstand. Bald verschwimmen Wunsch und Wirklichkeit, Fakten und Fiktionen. Wird Martin Schmidt die Täuschung rechtzeitig durchschauen?

Die Frage am Ende wäre für mich wichtig, um dem Gefühl vorzubeugen, damit sei schon alles gesagt.

Beim Genre würde ich mich auf das Notwendigste beschränken:

Eine Science-Fiction Kurzgeschichte.

Science-Fiction spielt ohnehin meist in der Zukunft, die Spannung ergibt sich (hoffentlich) aus dem Klappentext und das »kurzweilig« doppelt sich mit der Kurzgeschichte. Die Länge zu erwähnen, ist dagegen ein absolutes Muss, um keine Erwartungen zu enttäuschen. Wenn diese Lösung zu kurz klingt, lässt sie sich eventuell durch einen regionalen Bezug aufpeppen: »Eine Science-Fiction Kurzgeschichte, Schauplatz: der Südharz«, hätte durchaus Originalitätswert.

Insgesamt würde meine Lösung daher lauten:

Die Frau ist tot, sein Rücken kaputt und er weiß nicht mal, wie er die nächste Rate für den Mähdrescher aufbringen soll. Aber noch ist Martin Schmidt nicht gewillt, aufzugeben.

Bei einer morgendlichen Routinekontrolle stellt er fest, dass sich im Weizenfeld ein Kornkreis gebildet hat. Mittendrin steht eine Pflanze. Eine, wie Martin Schmidt sie nie zuvor gesehen hat.

In der Hoffnung, mit seiner Entdeckung wenigstens

etwas Geld zu verdienen, nimmt er Proben und schickt sie an verschiedene biologische Institute. Während er auf die Ergebnisse wartet, scheint sich sein Leben allmählich wieder zum Guten zu wenden.

Was er nicht weiß: Die Pflanze manipuliert seinen Verstand. Bald verschwimmen Wunsch und Wirklichkeit, Fakten und Fiktionen. Wird Martin Schmidt die Täuschung rechtzeitig durchschauen?

Eine Science-Fiction Kurzgeschichte.

(C) Nike Leonhard

Übung

Nehmen Sie sich ein neues Buch aus Ihrem Bücherregal. Oder ein Projekt, an dem Sie arbeiten.

Formulieren Sie den Alltag vor dem Beginn der Geschichte. Wo beginnt die Geschichte? Und wo ist der Point of No Return?

Auch hier: Am besten formulieren Sie es schriftlich.

Zitate aus dem Buch

Auch ein Zitat aus Ihrem Buch können Sie als Pitch verwenden. Das kann den Leser in die Geschichte, die Atmosphäre eintauchen lassen und Bilder wecken.

Dafür eignen sich kurze Sätze, am besten ein Konflikt, ein Widerspruch. Keine philosophischen Welterklärungen, keine Sätze, die jeder schon hundertmal gehört hat und deren Inhalt nahe des absoluten Nullpunkts angesiedelt sind. »Das würde ungeahnte Folgen haben, die ich niemals geahnt hätte« ist so wenig geeignet wie »Ein furchtbares Familiengeheimnis stand vor der Tür«.

Am Beispiel eines gelungenen Klappentextes möchte ich das zeigen.

Böses mit Bösem vergelten

(c) Patrizia Sabrina Prudenzi

Habe ich wirklich alle umgebracht?
Ich weiß es nicht.
Warum kann ich mich nicht erinnern?

Die junge Julia Walz gerät in Schwierigkeiten. Sie wird verdächtigt, eine Reihe von brutalen Morden begangen zu haben. Ihr größtes Problem: Sie weiß es nicht, da sie aufgrund eines Traumas an Erinnerungsstörungen leidet.

Der Einzige, der ihr glaubt, ist Inspector David Nyomda. Er kommt dem Geheimnis von Julias Familie auf die Spur und bringt sich selbst in Gefahr, um Julia zu helfen.

Lektorat

Der erste Satz weckt sofort Emotionen, Bilder und Fragen. Wer ist das, der sich fragt, ob er alle umgebracht hat? Ein Profikiller? Am Anfang des Klappentextes erwarten Leser, dass die Heldin vorgestellt wird. Und diese Formulierung klingt nach einer Person, die in Schwierigkeiten ist, mit der der Leser mitfühlt.

Der zweite Satz setzt noch einen drauf. Ich weiß es nicht. Hallo?

Und dann der dritte Satz: Warum kann ich mich nicht erinnern? Der sagt nichts Neues, ihn könnte man auch weglassen.

In drei ultrakurzen Sätzen ist der Konflikt der Geschichte dargestellt, wir wissen, welche Art Buch das ist, und obendrein ist der Klappentext durch die Ich-Perspektive ganz nahe an der Heldin.

Wechsel der Perspektive

Manchmal werden Sie den Hinweis im Netz finden, im Klappentext in der dritten Person zu erzählen. Aber wie im Roman gilt: Je näher Sie Ihrer Heldin sind, je mehr sie den Leser durch ihre Augen schauen lassen, desto mehr Emotionen wecken sie. Und das ist entscheidend, nicht darauf, den Inhalt nachzuerzählen.

Danach wechselt der Klappentext die Perspektive in die dritte Person und verlässt das Zitat. Deshalb stört dieser Wechsel nicht.

Durch das Zitat wissen wir, dass die Heldin sich quält, weil sie nicht weiß, ob sie Menschen umgebracht hat.

Der nachfolgende Text blickt von außen auf Heldin und Handlung. Und kann deswegen mehr zur Geschichte sagen. Dass die Distanz damit größer wird, stört nicht, weil der Leser jetzt gepackt ist. Der Fisch hängt an der Angel.

Überflüssiges streichen

Sie glauben, ich habe an einem so guten Klappentext nichts auszusetzen? Meckern ist mein Beruf. Der Wechsel in der Perspektive ist okay. Aber schauen Sie sich diese beiden Sätze an:

Die junge Julia Walz gerät in Schwierigkeiten. Sie wird verdächtigt, eine Reihe von brutalen Morden begangen zu haben.

Was fällt Ihnen auf? Welche Informationen stehen im ersten Satz, welche im zweiten?

Richtig: Die gleichen!

Denn dass jemand, der im Verdacht steht, eine Killerin zu sein, in Schwierigkeiten steckt, das ist nicht verwunderlich. Wenn zwei Sätze das Gleiche sagen, dann fassen Sie sie zusammen und nehmen das, was am anschaulichsten ist.

Die junge Julia Walz wird verdächtigt, eine Reihe von brutalen Morden begangen zu haben.

Und der nächste Satz? Beginnt allgemein mit »Ihr größtes Problem«. Eigentlich nicht nötig, aber kurz gefasst, wirken die drei Worte wie ein Ausrufungszeichen. Und da wir wissen, dass sie des Mordes verdächtigt wird, ist »Problem« keine abstrakte Behauptung mehr.

Was weiß sie nicht? Man könnte es klarer formulieren:

Ihr größtes Problem: Sie weiß nicht, ob sie eine Mörderin ist, da sie an Erinnerungsstörungen leidet.

Nötig ist diese Klarstellung nicht. Dass die Störungen aufgrund eines Traumas auftreten, muss nicht gesagt werden. Das ist ein Detail, das man weglassen kann.

Und was ist mit dem Kommissar? Noch taucht er unvermittelt auf. Da Julia die Heldin ist, sollte er besser mit der Hauptperson verbunden werden.

Sie sehen, auch gelungene Klappentexte lassen sich verbessern.

Erst die Handlung, dann der Kommentar

Wenn Sie einen Kommentar im Text haben (die Heldin steckt in Schwierigkeiten) und eine Handlung (sie wird verdächtigt), dann schreiben Sie erst die Handlung, dann den Kommentar. Dann weiß der Leser, worauf sich die allgemeine Aussage (Schwierigkeiten) bezieht.

Der Kommentar gewinnt damit an Wirkung. Und oft benötigen Sie ihn gar nicht mehr, weil die Wirkung des Textes ohne ihn größer ist. Lassen Sie dem Leser die Freiheit, die Schlussfolgerung zu ziehen: Oh je, jetzt steckt sie wirklich in Schwierigkeiten.

Übung

Gibt es ein Zitat aus einem Buch, das Sie im Gedächtnis behalten haben? Formulieren Sie daraus einen Pitch, den Beginn eines Klappentextes.

Welches Zitat aus Ihrem eigenen Projekt würde sich als Einstieg eignen? Achten Sie darauf, dass es kurz ist. Formulieren Sie daraus einen Klappentext.

Katastrophen und Konflikte

Mit dem Pitch führen wir den Konflikt ein. Der ist die Frage, die das Buch stellt. Wird Frodo den Ring vernichten können? Wird der Kommissar den Mörder stoppen? Wie kriegen sich die beiden im Liebesroman?

Eine Katastrophe am Anfang ist immer eine gute Idee. Sie führt den zentralen Konflikt ein. Worum geht es in der Geschichte?

Aber eine reicht.

Wenn sie alle möglichen Katastrophen auf den armen Helden niederprasseln lassen, die nichts miteinander zu tun haben, schwächen sie sich gegenseitig. Sie müssen den Hauptkonflikt kennen. Nur der gehört in den Klappentext. Welche Katastrophe setzt die Geschichte in Gang?

Und wie viel soll man im Text verraten?

Das hängt natürlich von der Geschichte ab. Traditionelle Klappentexte sagen, was sie in Gang setzt. Möglichst anschaulich. Einen Hinweis darauf, wie es weitergehen könnte.

Aber nicht mehr.

Mit bloßen Händen

Wolf R. Seemann

Über Nacht ist Harrys Leben zu einer einzigen Katastrophe geworden. Nach seiner Entlassung als Chefarzt, der Entführung seines Sohnes und der Trennung von seiner Frau hat Harry alles verloren, wofür er lebte. Doch wer niemanden mehr hat, der ihn aus dem Sumpf zieht, dem bleiben noch die eigenen Haare. Um wenigstens seinen Sohn zu retten, unterwirft er sich den Erpressungen seines Feindes und findet sich plötzlich zwischen den Rädern nuklearer Weltpolitik wieder.

Aber leider sind die Gefahren, die wir kennen, selten die, die uns erwarten ...

Der Roman basiert auf wahren Begebenheiten.

Lektorat

Harry verliert seine Stelle und seine Frau. Sein Sohn wird entführt. Gleich drei Katastrophen am Anfang, die einen spannenden Thriller versprechen. Dass er sich auf die Erpressung einlässt, lässt Übles ahnen. Und der Satz mit der nuklearen Weltpolitik, unter deren Räder er gerät, ist ein Verweis darauf, was in dem Thriller noch alles passieren wird.

Dazu der Satz mit der wahren Begebenheit, der ebenfalls Neugier weckt.

Drei Katastrophen sind zwei zu viel

Er verliert Frau, Stelle und Sohn. Das sind drei Katastrophen am Anfang.

Ich würde eine davon ins Zentrum stellen. Diejenige, die die weitere Geschichte bestimmt. In diesem Fall die Entführung des Sohnes und die Erpressung, auf die sich Harry einlässt.

Was wollen die Erpresser? Da die Erpressung am Anfang steht, könnte der Klappentext das verraten, ohne die Spannung zu nehmen. Und es wäre bedrohlicher, wenn die Erpresser nicht Geld wollten, sondern etwas Anderes, viel

Größeres. Wollen sie, dass er seinen ehemaligen Chef mit falschen Aussagen belastet? Soll er das Werkzeug werden, den Mann zu vernichten?

Unlösbare Konflikte

Eine ungewöhnliche, besonders bedrohliche Erpressung gehört in den Klappentext. Denn damit würde das **Alleinstellungsmerkmal** des Romans herausgestellt.

Der erste Satz ist zu allgemein.

Stellen Sie sich vor, ein Journalist fragt sie, um was es in Ihrer Geschichte geht. Und Sie antworten: *Über Nacht ist das Leben meines Helden zu einer einzigen Katastrophe geworden.*

Wie wahrscheinlich ist es, dass der Journalist sich weiter mit Ihrem Roman beschäftigen möchte? Formulieren Sie es anschaulicher:

Harrys Sohn wird entführt und die Erpresser fordern, dass er den Premierminister umbringt. Sie geben ihm eine Stunde Zeit dafür.

Dieser Pitch sagt nicht alles. Hier fehlt die Info, dass Harry Chefarzt ist und Zugang zum Premierminister hat, weil der in dem Krankenhaus liegt, in dem Harry gearbeitet hat. Bevor er entlassen wurde.

Harry muss sich entscheiden, ob er den Premierminister umbringt oder das Leben seines Sohns riskiert.

Übung

Formulieren Sie den zentralen Konflikt in Ihrem aktuellen Projekt. Und dann wählen Sie ein Lieblingsbuch aus Ihrem Regal. Wie lautet dort die Frage, um die es geht?

Die Mitte

Auf der Rückseite eines Buches haben wir noch ein wenig mehr Platz als nur für den Pitch.

In dem vorigen Beispiel »Mit bloßen Händen« haben wir nicht erwähnt, dass Harry Chefarzt ist. Er weiß, wie man einen Patienten umbringen kann, und hat Zugang zu dem Krankenhaus. Diese Details können wir nach den beiden ersten Sätzen kurz ausführen.

Harrys Sohn wird entführt und die Erpresser fordern, dass er den Premierminister umbringt. Sie geben ihm eine Stunde Zeit dafür.

Harry ist Chefarzt im Krankenhaus, hat Zugang zu dem Krankenzimmer des Premierministers und zu dem Medikamentenschrank.

Jetzt haben wir mit drei Sätzen Spannung aufgebaut. Ein unlösbares Dilemma.

Was habe ich hier gemacht?

Ich habe eine Assoziationskette aufgebaut. Die drei Sätze beschreiben die Ausgangssituation. Nicht den Film, der im Leser abläuft. Sie sollen im Kopf des Lesers vielmehr diesen Film starten.

Und ich habe noch etwas gemacht. Ich habe den Verlust der Chefarztstelle eingebaut. Denn der ist sicher, wenn er den Premier umbringt. Er wird nicht nur seine Stelle, sondern auch die Approbation verlieren und im Knast landen.

Der ist nicht mehr eine weitere Katastrophe am Anfang, sondern eine mögliche Folge.

Sie sehen, die Arbeit am Klappentext kann Ihnen viel über Ihre Geschichte verraten.

Noras Welten

Mit dem Buch »Noras Welten« gewann Madeleine Puljic den Deutschen-Selfpublishing-Preis. Ein Interview mit ihr finden Sie am Ende dieses Buches. Hier sehen Sie den Klappentext.

»Ich bin eine Gefangene der Geschichte.

Etwas, das dort nicht hingehört.«

Nora Winter hat Angst vor Büchern, und das aus gutem Grund: Was sie liest, muss sie am eigenen Leib erleben. Mit Hilfe eines Hypnosetherapeuten will sie das Problem in den Griff bekommen, doch damit beginnen ihre Schwierigkeiten erst recht.

Gegen ihren Willen landen die beiden in einer Welt, die eigentlich nicht existieren dürfte – zwischen Rittern, Magiern, Drachen und Intrigen. Es gibt nur einen Weg zurück: Sie müssen die Geschichte bis zum Ende durchstehen.

(c) Madeleine Puljic

Übung

Schreiben Sie auf, was Sie anspricht am Klappentext. Und was nicht.
Lesen Sie erst dann meine Meinung darüber.

Lektorat

Ein Zitat steht am Anfang, als Hook:

»Ich bin eine Gefangene der Geschichte.
Etwas, das dort nicht hingehört.«

Zu allgemein? Zu wenig anschaulich?

Ich finde nicht. Das Zitat weckt noch keine Bilder. Aber es stellt Fragen. Wer ist Gefangener seiner Geschichte? Ein unüblicher Text und »Gefangener« klingt immer interessant. Der nächste Satz führt die Frage fort. Warum gehört etwas nicht dorthin?

Der Text transportiert außerdem eine Atmosphäre, wir spüren, wie das Buch geschrieben ist.

Der Konflikt im Alltag

In den meisten Büchern ist das Alltagsleben nicht interessant.

In Noras Welt ist der Alltag vor der Geschichte ein Problem. Sie erlebt die Bücher am eigenen Leibe.

Davon soll sie ein Hypnosetherapeut befreien. Ein erster Versuch, das Problem zu lösen.

Wie in allen guten Spannungsbüchern scheitert dieser, weil er die Lösung im Üblichen sucht. Bücherallergie, für Allergien gibt es Hypnosetherapie.

Im Gegenteil, er verschlimmert ihn. Jetzt sitzt sie mit ihrem Therapeuten in dem Buch und Drachen, Magier und intrigante Ritter wollen ihr ans Leder.

Der einzige Weg zurück: Sie müssen die Geschichte durchstehen.

Dieser Schlusssatz ist kein Spoiler. Er sagt nicht, wie die Geschichte endet. Er sagt, worin die Aufgabe der Heldin besteht.

Perspektiv- und Distanzwechsel

Nach dem Zitat tritt der Klappentext – bisher in der Ich-Form und Nora sehr nahe – zurück, betrachtet die Situation von außen, in der Perspektive eines allwissenden Erzählers. Dieser **Perspektiv- und Distanzwechsel** findet sich in vielen spannenden Klappentexten.

Erst ein Zitat aus dem Buch, etwas, das die Hauptperson sagt oder denkt. Das nicht das Übliche ist. Den Leser in den Kopf der Figur wirft.

Dann der Hauptteil, der von außen auf die Situation blickt.

In unserem Fall die »Angst vor Büchern«. Die nicht unbegründet ist, denn was sie liest, muss sie am eigenen Leibe erleben. Jetzt verstehen wir, was das Zitat am Anfang bedeutet. Hier wird der Hintergrund geschildert und da der sehr ungewöhnlich ist, darf er hier auch etwas länger sein.

Der Schluss

»Sie müssen die Geschichte bis zum Ende durchstehen.«

Das ist der Schlusssatz aus Noras Welt. Er fasst die Aufgabe der Heldin zusammen.

Der erste Satz ist der Haken, der den Leser in die Geschichte ziehen soll. Der letzte ist eine Frage oder eine Zusammenfassung, manchmal eine Art Moral von der Geschichte. Er soll zum Kauf des Buches verleiten.

Im Schlusssatz dürfen Sie auch allgemeine Aussagen treffen. Wenn der Leser in dem vorangegangenen Text Bilder entwickelt hat, anschauliche Sätze einen Film starteten, dann kann der letzte Satz das zusammenfassen.

Zur Hölle mit der Kohle

(c) Stefan Mühlfried

»Ich bin Punk, die Kohle ist mir egal!«

Leicht gesagt, wenn man als exzentrischer Rockstar im Geld schwimmt. So wie Jam, durchgeknallter, aber genialer Frontmann der Band BiggerThanLife. Seine neueste Macke: ein ganz persönliches Bond-Girl.

Kein einfacher Job für die Personenschützerin Caro, denn Jam benötigt weniger einen Bodyguard als ein Kindermädchen. Aber sie braucht den Job, und aufgeben kommt für sie nicht in Frage.

Doch dann ist das Geld auf einmal weg, dafür hat Jam die Steuerfahndung am Hals.

Ohne einen Cent in der Tasche begeben die beiden sich auf einen irrwitzigen Roadtrip, stets auf der Flucht vor der Polizei und auf der Suche nach den Millionen, Jams Mojo und anderen Nebensächlichkeiten.

Übung

Wo beginnt diese Geschichte?
Was ist der Konflikt?
Und wo liegt der Point of no Return?

Schreiben Sie Ihre Antworten auf.

Und lesen Sie erst weiter, wenn Sie diese Übung vollbracht haben.

Lektorat

Ein Rockstar heuert die Personenschützerin Caro an. Damit beginnt die Geschichte. Der Konflikt zu Beginn: Jam benötigt keinen Bodyguard, sondern ein Kindermädchen, Caro kann aber nicht kündigen, denn sie braucht das Geld.

Und was ist der Point of no Return? Der Moment, an dem Caro erkennt, dass sie Kindermädchen spielen muss, aber nicht kündigen kann, wegen der Kohle?

Nein. Das ist ärgerlich, aber nichts, von dem es kein Zurück mehr gibt. Diesen Punkt setzt das Finanzamt, als es die Kohle kassiert, Jam die Steuerfahndung auf den Hals hetzt und beide vor der Polizei fliehen. Sie können nicht mehr zurück in das Leben, in dem Jam in Geld schwimmt und Caro Kindermädchen spielen muss.

Atmosphäre

Wir wissen viel über Jam und Caro, haben die Atmosphäre des Buches geschnuppert: ein witziger Roman aus der Welt der Popstars. Dass die kräftig durch den Kakao gezogen wird, diese Assoziation hat jeder Leser.

Der Autor erzählt aber etwas mehr. Er fügt einen Schlusssatz hinzu:

Ohne einen Cent in der Tasche begeben die beiden sich auf einen irrwitzigen Roadtrip, stets auf der Flucht vor der Polizei und auf der Suche nach den Millionen, Jams Mojo und anderen Nebensächlichkeiten.

Das ist der Mittelteil – er erzählt, welche zusätzlichen Probleme den Konflikt verschärfen – und ist auch ein Schlusssatz.

Hier erfahren wir, dass es ein Roadmovie ist, eine Fluchtgeschichte und eine Suche nach verschwundenen Millionen.

Drei Dinge sind zwei zuviel, habe ich das nicht vorher gesagt?

Stimmt. In diesem Fall sind sie aber nicht unabhängig voneinander. Sondern drei Elemente der Geschichte, die zusammengehören.

Der letzte Satz lässt uns die Atmosphäre des Buches spüren. Sie weckt Assoziationen, Bilder und deshalb sollte ein Klappentext das auch widerspiegeln. Womit wir beim nächsten Thema sind.

Übung

Suchen Sie sich ein witziges Buch aus Ihrem Bücherregal aus. Nein, nicht den Klappentext lesen. Schreiben Sie ihn. Eine Version, die Witz atmet, den Leser spüren lässt, wie der Text geschrieben ist.

Die Hollywood-Formel

In Hollywood werden schon seit Jahrzehnten Aufreißer für Filme geschrieben. Die Klappentexte der Filmindustrie. Dabei hat sich die **Hollywood-Formel** bewährt, mit dem man einen groben Text zum Film erstellen kann. Diese Vorgehensweise eignet sich auch für Bücher.

Fünf Elemente finden sich in jeder Geschichte, die als erstes benannt werden müssen:

Es gibt einen Helden (1), der sich in einer Situation (2) wiederfindet, aus der er sich befreien will, indem er versucht, ein Ziel (3) zu erreichen. Es gibt einen Antagonisten (4), der ihn aufhalten will. Ist er erfolgreich, endet es für den Helden in einer Katastrophe (5).

Daraus erstellen Sie eine kurze Inhaltsangabe mit den fünf Elementen.

Hänsel und Gretel (die Helden) werden im Wald ausgesetzt (die Situation, aus der sie sich befreien müssen) und wollen zurück nach Hause (Ziel). Sie stoßen auf eine Hexe (Antagonistin), die eine Menschenfresserin ist, und Hänsel einsperren und braten will (Katastrophe). Kann Gretel ihren Bruder befreien?

Das wäre eine Rohfassung eines Klappentextes für Hänsel und Gretel.

Nehmen wir ein weiteres Beispiel, Noras Welten:

Nora (1) hat Angst vor Büchern (2), weil sie alle Geschichten durchleben muss, und unterzieht sich einer Hypnosetherapie, um das zu beseitigen (3). Die versetzt sie in eine fremde Welt (4) voller Drachen, Ritter und Magier.

Wenn es ihr nicht gelingt, sie erfolgreich zu durchleben, wird sie nie wieder nach Hause kommen (5).

Das ist ein grobes Schema, aus dem ein Klappentext entstehen kann. Beachten Sie, dass bei Noras Welten die fremde Welt der Antagonist ist, also keine Person.

Und Sie können die Katastrophe als Frage formulieren: Wie wird die Heldin da wieder rauskommen?

Übung

Nehmen Sie sich Ihr aktuelles Projekt vor. Formulieren Sie die Punkte 1-5 aus der Hollywoodformel wie oben beschrieben.

Erzählstimme

Jeder Roman hat eine **Erzählstimme**, die die **Atmosphäre** bestimmt. Gruselig die eine, ironisch die andere, witzig die dritte.

Und die sollte im Klappentext spürbar werden. Wenn Sie einen Text für »Der Hundertjährige, der aus dem Fenster stieg und verschwand« schreiben müssten, würden Sie dort die Ereignisse nüchtern aufzählen? Damit würden Sie niemanden hinter dem Ofen hervorlocken. Schlimmer, Sie würden die Leser verprellen, die witzige Bücher lieben.

Und Leser, die das Buch kaufen, schreiben anschließend einen Verriss. Weil ein nüchterner Klappentext ein falsches Versprechen gibt.

Stellen Sie sich vor, Sie bestellen in einem Restaurant ein Wiener Schnitzel und erhalten etwas, das wie ein Schnitzel aussieht. Nur ist es aus Marzipan. Das Marzipan kann so gut sein, wie es will, Sie sind enttäuscht.

Nicht anders ist es, wenn der Klappentext einen ganz anderen Roman vermuten lässt.

Königin auf der Flucht

Königin Andreana herrscht seit dem Tod ihres Vaters über Thenelan und hat das Land zu nie da gewesenem Wohlstand geführt. Eine recht langweilige Sache, wenn da nicht ihr stets missgünstiger Bruder Bastian wäre. Er stört die Feier anlässlich ihres Thronjubiläums empfindlich, indem er mit seinen Soldaten ein Blutbad unter den Gästen anrichtet. Andreana und ihre engsten Freunde können fliehen und verbünden sich unterwegs mit Piraten, welchen gerade das Schiff abhandengekommen ist. Eine Handvoll Verrückter gegen eine ganze Armee.

Lektorat

Was ist das wichtigste Ereignis in diesem Klappentext? Was setzt die Geschichte in Gang?

Ganz klar: Der Bruder der Königin richtet ein Massaker auf der Feier zum Thronjubiläum an.

Was wäre ein geeigneter Pitch? »Der Bruder der Königin richtet ein Blutbad unter den Gefolgsleuten der Königin an und setzt sich auf den Thron«? Das wäre der »Point of No Return«.

In unserem Falle fände ich den letzten Satz aber besser: »Eine Handvoll Verrückter gegen eine ganze Armee.« Oder: »Eine Handvoll Verrückter und eine abgesetzte Königin gegen eine ganze Armee.« Das spielt auf das Robin-Hood-Motiv an. Ich würde das als Pitch an den Anfang setzen.

Satire oder Abenteuer?

Lesen Sie sich noch einmal den Klappentext durch. Was für einen Roman erwarten Sie? Einen Abenteuerroman a la Robin Hood? Könnte sein. Oder eine witzige Abenteuergeschichte? Dafür spräche die Formulierung, dass das Blutbad des Bruders »das Thronjubiläum empfindlich stört«.

Sie müssen sich entscheiden. Denn die **Zielgruppe** der Leser von Abenteuerromanen, in denen es um Spannung geht, ist eine andere als die derer, die witzige Romane lieben. Sicher gibt es Überschneidungen. Auch in Thrillern gibt es Humor, egal ob es sich um »geschüttelt, nicht gerührt« bei James Bond handelt oder um Hadschi Halef Omars spärlichen Bartwuchs.

Die Abenteuer-Alternative

Wie würde die Abenteuer-Fassung aussehen? Dass die Königin seit dem Tod ihres Vaters herrscht und dem Land zum Wohlstand verholfen hat, ist der Alltag, der Background. Also nicht so interessant.

Die Aktion des Bruders setzt die Geschichte in Gang.

Eine Handvoll Verrückter und eine abgesetzte Königin gegen eine ganze Armee.

Bastian ist der Bruder von Königin Andreana und will selbst König werden. Er nutzt die Feierlichkeiten zum Thronjubiläum, um mit seinen Gefolgsleuten ein Blutbad anzurichten und sich selbst auf den Thron zu setzen. Andreana und ihre Freunde können fliehen. Unterwegs verbünden sie sich mit Piraten. Bastian setzt ein hohes Kopfgeld auf seine Schwester aus und errichtet ein Terrorregime.

Niemand glaubt, dass die Königin und ihr verlorener Haufen die geringsten Chancen haben. Doch dann ...

Ein weiblicher Robin Hood im verzweifelten Kampf um Gerechtigkeit.

Die witzige Alternative

Und wie sähe es aus, wenn es um den witzigen Roman ginge?

Eine Handvoll Verrückter und eine abgesetzte Königin gegen eine ganze Armee.

Königin Adreanas Thronjubiläum sollte eigentlich ein Fest voller langweiliger Jubelreden werden. Aber ihr Bruder stört die Feierlichkeiten empfindlich, indem er mit seinen Soldaten ein Blutbad unter den Gästen anrichtet.

Andreana und einige ihrer Freunde können fliehen und verbünden sich unterwegs mit Piraten, denen gerade das Schiff abhandengekommen ist. Hat dieser verlorene Haufen eine Chance gegen die bestens ausgerüstete Armee des Bruders?

Ein weiblicher Robin Hood im verzweifelten Kampf um Gerechtigkeit – und um die Anerkennung eines chaotischen Piratenhaufens.

Sie sehen, der erste wie der letzte Satz bleiben in beiden Fassungen erhalten. Der erste ist der Pitch der Geschichte. Der letzte bringt das Thema auf den Punkt.

Genre

In Pitch und Klappentext ist die Sprache wichtig. Ob man schreibt: »Manfred Müller hat finanzielle Probleme, die sich aufhäufen« oder »Manfred Müller steht vor dem Ruin«, ist ein Unterschied wie zwischen einem Kerzenlicht und einem Blitzschlag. Hier muss jedes Wort sitzen.

Übung

Nehmen Sie mehrere Bücher aus Ihrem Regal und schauen Sie sich die Klappentexte an. Welche spiegeln die Atmosphäre des Buches, lassen die Erzählstimme leben? Welche nicht?

Wählen Sie eins aus, das die Atmosphäre nicht spürbar werden lässt. Formulieren Sie es um, lassen sie Erzählstimme und Atmosphäre lebendig werden.

Informationen verteilen

Klappentexte geben einen Eindruck von dem Buch. Damit vermitteln sie **Informationen**.

Diese Informationen kann man in einen Satz packen, der sich liest, als hätte ihn Thomas Mann geschrieben. Tun Sie`s nicht. Ein Satz für eine Info ist eine gute Regel beim Schreiben. Machen Sie es den Leserinnen möglichst einfach. Niedrigschwellige Angebote nennt man das in der Fachsprache.

Wenn der Leser sich lange über den grammatikalischen Aufbau den Kopf zerbrechen, die Struktur aufdröseln muss, bevor er den Inhalt erfasst, wirkt die Klappe nicht. **Kiss** nennt der Amerikaner das: **Keep it simple, stupid**. Erinnern Sie sich? Hängen Sie sich das an den Bildschirm, wenn Sie Klappentexte schreiben.

Die Sphinx von Marrakesch

(c) Mona Frick

Ein Schwabe in Marokko!

In Schäfers viertem Fall verschlägt es den altgedienten Polizisten in den Orient. Die gerade erst wieder aufgetauchte weltberühmte »Sphinx von Marrakesch« ist abermals verschwunden, und ausgerechnet die Rentnerin Erna Bromstetter scheint in den Diebstahl verwickelt zu sein.

Oberkommissar Schäfer und ein junger marokkanischer Polizist sind dem Täter auf der Spur, doch bald wird klar, dass es um viel mehr als um Diebstahl geht ...

Lektorat

Ein Schwabe in Marokko, das ist ein guter erster Satz. Warum?

Weil er Gegensätze vereint. Schwaben gelten als heimatverbunden und wenn sie reisen, dann an den Bodensee oder bestenfalls in die Schweiz. Natürlich ist das ein Vorurteil. Aber dadurch wirkt der Schwabe in Marokko. Der Satz ist kurz und knapp, der Leser muss nicht lange überlegen, was er bedeutet.

Der zweite Satz führt den Pitch aus, liefert ein paar zusätzliche Details. Es ist der vierte Fall einer Krimireihe rund um den Polizisten Schäfer.

Eine Information pro Satz

Dann kommt ein Satz, die sehr viel länger ist. »Die gerade erst wieder aufgetauchte weltberühmte Sphinx von Marrakesch ist abermals verschwunden, und ausgerechnet die Rentnerin Erna Bromstetter scheint in den Diebstahl verwickelt zu sein.« Dieser Satz packt mehrere Informationen zusammen und ist dadurch unübersichtlich.

Denken Sie daran: eine Information pro Satz. Der Klappentext wendet sich an Leser, die kurz darauf schauen. Wenn etwas nicht gleich klar ist, legen sie ihn wieder weg.

Hier haben wir zusammengepackt:

- eine Partizipkonstruktion, die uns sagt, dass die Sphinx gerade wieder aufgetaucht ist

- dass diese Sphinx wieder verschwunden ist
- dass eine Rentnerin im Verdacht steht, etwas damit zu tun zu haben.

Am besten, wir entzerren das.

Brauchen wir für den Klappentext die Information, dass die Sphinx vor kurzem wieder aufgetaucht ist?

Zum Verständnis ist das nicht nötig. Was wir aber brauchen: Wer ist diese Sphinx?

Ein weltberühmter Edelstein, die Sphinx von Marrakesch, taucht unvermutet wieder auf. Um gleich darauf abermals zu verschwinden.

Und die Rentnerin? Gönnen wir ihr einen Satz, in dem Fall eine Frage:

Ist die Rentnerin Erna Bromstetter in den Diebstahl verwickelt? Und was treibt sie überhaupt in Marrakesch?

Eine Frage ist immer besser, als eine Vermutung mit »scheint«. Und »ausgerechnet Erna« setzt voraus, dass Erna dem Leser bekannt ist.

Der offene Schluss

Dann kommt der Schlusssatz: »Oberkommissar Schäfer und ein junger marokkanischer Polizist sind dem Täter auf der Spur, doch bald wird klar, dass es um viel mehr als um Diebstahl geht ...«

Er deutet den weiteren Verlauf an. Es geht nicht nur um die Sphinx, sondern mehr steht auf dem Spiel. Damit ist der Konflikt des Krimis angerissen.

Auch hier wäre ein Punkt angebracht.

Oberkommissar Schäfer und ein junger marokkanischer Polizist sind dem Täter auf der Spur. Doch bald wird klar, dass es um mehr als um Diebstahl geht ...

Habe ich nicht gesagt, Sie sollten nichtssagende Klischees im Klappentext meiden wie die Katze das Wasser?

Richtig.

Würde Sie »Ein Krimi, in dem es um viel mehr geht, als es anfänglich scheint« verleiten, weiter zu lesen? Mich nicht.

Wieso funktioniert es dann hier?

Weil vorher anschaulich geschildert wurde, um was es geht. Der Leser hat Assoziationen aufgebaut, ein Film läuft ab. Dieser letzte Satz ist allgemein, aber der Leser verbindet das mit den Bildern, die er bereits im Kopf hat.

Übung

Nehmen Sie eins Ihrer Buchprojekte. Wählen Sie drei Informationen aus, die Ihrer Meinung nach Leser ansprechen. In welcher Reihenfolge ordnen Sie diese an? Wie würde ein Klappentext aussehen, der auf diesen drei Elementen aufbaut?

Alleinstellungsmerkmal – Unique Selling Point

Unique Selling Point (USP) ist einer der Migranten, die aus den USA nach Deutschland gekommen sind. Alleinstellungsmerkmal nennt es sich auf Deutsch. Es geht darum, was ein Produkt einzigartig macht.

Bei Harry Potter ist es der Junge, der magische Fähigkeiten besitzt, zu einem Zauberer wird und die Menschheit vor Voldemort rettet.

Natürlich gab und gibt es mittlerweile unzählige Nachahmer, keiner hat den Erfolg von Harry Potter erreicht.

Warum ist der USP wichtig?

Weil er sicherstellt, dass der Leser Ihr Buch, Ihr Produkt, nicht einfach ersetzen kann. Wenn Ihr Krimi in einer Reihe mit anderen in der Buchhandlung steht und der Leser genauso gut das Nachbarbuch kaufen könnte und würde ebenso gut unterhalten werden, dann haben Sie kein Alleinstellungsmerkmal. Das sind die sogenannten Me-Too-Bücher. Bücher, die ein tausendfach vorhandenes Schema wiederholen. Der Serienmörder, der junge Mädchen brutal schlachtet und der Polizei am Tatort geheime Zeichen hinterlässt, den gibt es im Dutzend billiger. »Schlachtplatte« nennt sich das im Buchmarktjargon.

Doch keine dieser Schlachtplatten kann Hannibal Lecter ersetzen. Robert Harris hat mit ihm eine unverwechselbare Figur geschaffen. Wer Hannibal Lecter will, muss Robert Harris kaufen.

Alle Bücher, die in den Literaturhimmel eingegangen sind, haben ein Alleinstellungsmerkmal. Don Quichotte, der gegen Windmühlen kämpft, ist fünfhundert Jahre alt und immer noch kennt ihn jedes Kind. Winnetou, der edle Apatsche; der große Bruder in 1984; die Blechtrommel und der Zwerg, der nicht wachsen will.

Erschrecken Sie jetzt? Sagen Sie sich: Das schaff ich nie, ich heiße nicht Karl May, nicht Günther Grass, nicht Cervantes? Da bleib ich lieber bei den Me-Too-Büchern. Damit werde ich nicht berühmt, nicht reich, aber verkaufe auch meinen Anteil an Büchern.

Werfen Sie die Tastatur nicht so schnell ins Korn. Es geht auch eine Etage tiefer, Sie müssen nicht zu den genialen Autoren gehören, die im Feuilleton rauf und runter belobigt werden. Es reicht, wenn Ihr Roman eine Sache hat, die andere nicht haben.

»Hanoi Hospital« jagt den Leser durch das moderne Hanoi, durch Krankenhäuser, die illegale Medikamententest an ihren Patienten durchführen, durch eine Welt, die für Deutsche fremd ist. Das ist das Alleinstellungsmerkmal. Der Autor hat viele Jahre in Hanoi gelebt und entführt uns in diese lebendige Stadt. Wie viele Krimis aus Vietnam kennen Sie? Eben!

Was ist Ihr Alleinstellungsmerkmal? Denken Sie nach. Gibt es im Buch etwas, das Ihr Buch von allen anderen unterscheidet? Gibt es Dinge, mit denen Sie sich besonders gut auskennen? Gibt es etwas Spezielles, das noch kein Krimi behandelt hat? Das können Berufe sein, Technologien, neue phantastische Welten. Ihrer Phantasie sind keine Grenzen gesetzt. Hemingway hat gesagt: Schreiben Sie über das, was Sie kennen. Gute Idee, denn jeder Mensch kennt sich in bestimmten Bereichen besonders gut aus. Wenn Sie ein Müllmann sind, schreiben Sie nicht über einen Gerichtsmediziner. Sondern über einen Mord in der städtischen Müllabfuhr.

Bauen Sie dieses Alleinstellungsmerkmal in Ihren Klappentext ein.

Der Höhlenparasit

Die Maya – Genies oder das Werkzeug fremder Wesen?

Woher stammte ihr Wissen über die ausgeklügelte Baukunst ihrer Zeit?

Wie konnten sie mit primitiven Mitteln eine Tempelanlage bauen, die das Sonnensystem widerspiegelt?

Carlos Zamardo, Einsatzleiter der Policia Federal in Mexiko, ermittelt in einem Fall, bei dem er der Wahrheit näher kommt, als ihm lieb ist.

Ein Fall, der ihn ganz persönlich betrifft. Gerichtsmedizinerin Muyal wird mitsamt einem toten Unterwasserarchäologen entführt. Muyals Sprachaufzeichnung über ein parasitäres Wesen am Leichnam ist alles, was Carlos an Hinweisen finden kann, um die Liebe seines Lebens zu retten.

Die Spur führt in quer durch den mexikanischen Dschungel zu einer der zahlreichen Cenoten Yucatans, wo ihm eine uralte Gefahr begegnet.

Lektorat

Die Mayas und deren astronomischen Kenntnisse, eine entführte Gerichtsmedizinerin, ein toter Unterwasserarchäologe und eine seltsame Sprachaufzeichnung. Verspricht das Spannung? Aber sicher. Und klar geschrieben ist es auch. Doch was erwarten Sie, wenn der erste Satz eines Klappentextes lautet:»Die Mayas – Genies oder das Werkzeug fremder Wesen?«

Das klingt sehr nach Sachbuch. Und birgt die Gefahr, dass die Leser, die einen Krimi suchen, nicht weiterlesen.

Was ist in »Der Höhlenparasit« das zentrale Thema? Dass Carlos die entführte Gerichtsmedizinerin befreien muss, die Liebe seines Lebens. Also formulieren wir das so:

Carlos Zamardo von der Policia Federal in Mexiko muss die entführte Gerichtsmedizinerin befreien, die die Liebe seines Lebens ist.

So ganz überzeugt das noch nicht. Das klingt etwas bieder. Vielleicht besser mit der Medizinerin anfangen?

Die Gerichtsmedizinerin Muyal wird entführt. Verschwunden ist auch die letzte Leiche, die sie untersucht hat: die eines Unterwasserarchäologen.

Carlos Zamardo von Policia Federal in Mexiko soll den Fall aufklären. Doch die einzige Spur, die er hat, ist eine seltsame Sprachaufzeichnung der Medizinerin. Dort spricht sie von einem unbekannten Parasiten, den sie an der Leiche des Archäologen gefunden hat. Dass Muyal die Liebe seines Lebens ist, macht den Fall für Zamardo nicht einfacher.

Jetzt haben wir nicht nur einen ersten Satz, sondern gleich einen ganzen Abschnitt, der uns erzählt, wie die Geschichte beginnt.

Und die Mayas? Ganz weglassen?

Nein, die Mayas sind ein Alleinstellungsmerkmal, etwas, das nur diese Geschichte auszeichnet. Ein Krimi mit ungewöhnlichem Setting und ebenso ungewöhnlichem Thema. Also gehört das auch in den Klappentext. Aber erst an zweiter Stelle.

Die Maya – Genies oder das Werkzeug fremder Wesen?

Woher stammte ihr Wissen über die ausgeklügelte Baukunst ihrer Zeit?

Wie konnten sie mit primitiven Mitteln eine Tempelanlage bauen, die das Sonnensystem widerspiegelt?

Das klingt noch etwas zu statisch. Wir haben es ja mit einem Krimi zu tun, nicht mit einen historischen Essay. Wie wäre es damit:

Die Spur führt durch den mexikanischen Dschungel zu einer alten Tempelanlage der Mayas, die das Sonnensystem widerspiegelt.

So wichtig wie der erste Satz ist auch der letzte. Wie wäre es damit:

Doch in den Ruinen wartet eine uralte Gefahr auf ihn.

Details

Schauen wir uns mal den folgenden Satz an:

Carlos [...] ermittelt in einem Fall, bei dem er der Wahrheit näher kommt, als ihm lieb ist.

»Er kommt der Wahrheit näher, als ihm lieb ist«, »eine große Gefahr wartet auf ihn«, »ein großes Geheimnis bedroht seine Liebe«. Solchen Formulierungen ist eins gemeinsam: Sie sagen nichts aus. Sie versprechen Spannung, geben aber keinen Hinweis darauf, was überhaupt spannend sein könnte. Und da sie nicht gerade Höhepunkte der Fantasie sind, sondern jeder so etwas auf Dutzenden Klappentexten gelesen hat, vermuten Leser schnell, dass das Buch sich ebenfalls in nichtssagenden Klischees ergeht.

Bei Stephen King sind solche Formulierungen okay. Dass King spannend schreiben kann, wissen die Leser. Sie kaufen die Bücher, egal, was hinten auf der Klappe steht. Möglicherweise tun sie es auch bei großen Verlagen wie Heyne oder Lübbe. Manchmal findet man auch dort solche Formulierungen. Aber Heyne und Lübbe sind bekannte Marken, die Leser wissen, was sie da erwarten können.

Wenn Sie noch ein unbekannter Autor sind, sollten sie solche Allerweltsformulierungen meiden.

Hier eine neue Fassung des Klappentextes:

Die Gerichtsmedizinerin Muyal wird entführt. Verschwunden ist auch die letzte Leiche, die sie untersucht hat: die eines Unterwasserarchäologen.

Carlos Zamardo von Policia Federal in Mexiko soll den Fall aufklären. Doch die einzige Spur, die er hat, ist eine seltsame Sprachaufzeichnung der Medizinerin. Dort spricht sie von einem unbekannten Parasiten, den sie an der Leiche des Archäologen gefunden ha. Dass Muyal die

Liebe seines Lebens ist, macht den Fall für Zamardo nur dringender.

Die Spur führt ihn durch den mexikanischen Dschungel zu einer antiken Tempelanlage der Mayas, die das Sonnensystem widerspiegelt.

Doch in den Ruinen wartet eine uralte Gefahr auf ihn ...

Ist die uralte Gefahr nicht auch Klischee? Haben Sie die nicht ebenfalls schon oft gelesen?

Wenn Sie in einer Geschichte allgemeine Sätze einfügen, dann bitte nach der Handlung. Am Anfang stehen die Entführung, der unbekannte Parasit und die Spur zu den alten Maya Ruinen.

Wenn Sie die uralte Gefahr als Schlusssatz einfügen, verbindet der Leser das mit den anschaulichen Schilderungen vorher.

Übung

Nehmen Sie drei Bücher aus Ihrem Regal. Was ist deren Alleinstellungsmerkmal? Woran erinnern Sie sich bei jedem Buch?

Show, don't tell

Zeigen, nicht behaupten ist die wichtigste Schreibregel. Behaupten Sie nichts über Ihre Geschichte, zeigen Sie sie dem Leser. »Dies ist ein superspannender Thriller mit einer wunderbaren Hauptfigur« überzeugt niemanden.

»Der Wissenschaftler Dortus hat einen Virus entwickelt, der alle umbringen soll, die Drogen nehmen. Und nur sein Bruder kann ihn stoppen. Doch der ist Autist« sagt mehr über die Geschichte.

Wenn Sie Bäcker sind, können Sie noch so begeistert über Ihr Brot behaupten: »Das beste Brot der Welt«. Wenn Sie die Leute es kosten lassen und es toll schmeckt, ist es wirkungsvoller.

Albtraum Traumgewicht, Version 1

Untertitel: Mein Weg aus dem Dickicht von Familie, Essstörung, Psychiatrie und Therapie

Eine junge Frau erzählt
Von ihrer Krankheit Magersucht,
von Depressionen,
psychiatrischen Kliniken,
betreuten Wohngemeinschaften
und vielen Therapien.

Sie beschreibt ihre familiären
Verflechtungen und Belastungen:
ihre eigene hohe Begabung,
schwere Krankheiten, Trennungen und Tod.

Sie stellt sich Fragen
Warum ich? Was hat mich krank gemacht?
Welcher Weg führt aus dem Todeshunger
zurück ins Leben?

Wer bin ich ohne Magersucht?

Mein Albtraum beginnt zu verblassen ...

Lektorat

Essstörungen nehmen zu. Zeitungen, Fernsehen und Heidi Klum gaukeln uns vor, dass nur superschlanke Menschen liebenswert sind. Dicksein ist Pfui.

Kein Wunder, dass immer mehr Mädchen und mittlerweile auch Jungen an Essstörungen leiden. Das Thema ist aktuell. Und hier berichtet eine der Betroffenen.

Der Titel weckt Interesse. Weil er das Dilemma beschreibt: Der Traum vom schönen Körper, der zum Alptraum wird.

Die Dreier-Regel

Kennen Sie Churchills Ausspruch von 1940, »Ich kann Ihnen nur Blut, Schweiß und Tränen versprechen«? Vermutlich.

Aber in Wirklichkeit hat er gesagt: »Ich habe nichts zu bieten als Blut, Mühsal, Tränen und Schweiß«. Warum hat sich dann die andere Fassung durchgesetzt?

Weil man es leichter behält und weil es einem menschlichen Bedürfnis entspricht. Die Zahl drei ist magisch. Wer etwas aufzählt, hat mehr Erfolg, wenn er die **Dreier-Regel** verwendet. Vier Dinge aufzuzählen, ist nicht so eindrücklich.

»Mein Weg aus dem Dickicht von Familie, Essstörung, Psychiatrie und Therapie« auch da sollte man der Dreier-Regel folgen. Also: »Mein Weg aus dem Dickicht von Familie, Essstörung und Psychiatrie«.

Konkrete Details

Der Klappentext soll dem Leser sagen, was für ein Buch es ist. Natürlich darf er übertreiben, das Buch in den tollsten Farben schildern. Aber Marketing hin oder her: Er muss dem Leser einen Eindruck vermitteln, was es für ein Buch ist. Ein Buch, dessen Klappentext einen superspannenden Thriller ankündigt, muss ein Thriller sein. Ist es eine Liebesgeschichte, kann die so gut sein, wie sie will, der Leser ist enttäuscht. Erinnern Sie sich an das Beispiel mit dem Schnitzel und dem Marzipan? Ganz egal, wie toll das Marzipan ist – der Kunde wird nicht erfreut sein, wenn er ein Schnitzel erwartet hat.

Was verspricht uns dieser Titel? Eine Lebensgeschichte einer Frau, die viel mitgemacht hat. Magersucht, Psychiatrie, familiäre Probleme. Eine Menge Fragen: »Warum ich? Was hat mich krank gemacht? Welcher Weg führt aus dem Todeshunger zurück ins Leben?« Viele Stationen auf dem Weg aus der Magersucht: »Depression, Klinik, Wohngemeinschaft«.

Und ein Ausblick, dass am Ende der Albtraum verblasst.

Allgemeine Sätze. Magersucht haben viele, was ist der besondere Weg dieser Frau?

»Als sie nur noch 35 kg wiegt, bricht sie auf der Straße zusammen und fällt drei Tage ins Koma«. Das wäre ein Ereignis, das dem Leser eine Vorstellung gibt, was die Frau durchgemacht hat. Der Klappentext sollte nicht nur allgemein das Thema des Buches benennen. Ein kurzer konkreter Ausblick auf eine eindrückliche Szene weckt Emotionen.

Was wollen Sie erzählen

Wer spricht in diesem Klappentext?

Richtig, einmal spricht die Autorin zu uns: »Mein Weg aus ...«, »Warum ich ...«, »Mein Alptraum ...«

Aber gleichzeitig spricht eine dritte Person über das Buch: »Eine junge Frau erzählt ...«.

Zwei Möglichkeiten gibt es, über Essstörungen zu schreiben. Einmal ein sehr persönlicher Bericht einer Betroffenen. Da ist die Ich-Perspektive sinnvoll. Oder ein Text über Magersucht, der dem Leser auch viel Allgemeines über Essstörungen verrät. Was ist besser?

Es gibt kein besser. Immer wieder werden absolute Leitsätze darüber veröffentlicht, wie man ein Buch schreiben muss, damit es sich verkauft. Aber wer sich erfolgreiche Bücher ansieht, stellt schnell fest, dass sie keineswegs so einheitlich sind, wie uns Marketing-Fachleute immer weißmachen wollen.

Nur muss man sich entscheiden. Ein Buch über Essstörungen von einem Fachmann sollte auch verschiedene Beispielfälle enthalten. Ist aber etwas anderes als das Buch einer Frau, die das erlebt hat und die ihren besonderen Weg durch die Magersucht beschreibt.

Ich würde entweder beim »Ich« bleiben oder in der dritten Person. Aber nicht zwischen beiden wechseln. In diesem Falle ist der Perspektivwechsel keine gute Idee.

Weniger ist mehr

Lesen Sie sich noch einmal den Abschnitt mit den Fragen durch:

Warum ich? Was hat mich krank gemacht?

Welcher Weg führt aus dem Todeshunger zurück ins Leben?

Wer bin ich ohne Magersucht?

Würde Sie dieser Abschnitt verleiten, das Buch in die Hand zu nehmen? Die Leseprobe im Netz aufzuschlagen? Vermutlich nicht.

Dabei sind offene Fragen der Stoff, aus dem Spannung gewirkt wird. Wer war der Mörder?

Nur sind hier die Fragen nicht die, die sich der Leser stellt. Sondern die, die sich die Autorin stellt. Und das ist ein ganz wichtiger Unterschied.

Außerdem gilt auch hier: Weniger ist mehr. Eine Vielzahl von Fragen erschlägt den Leser. Besser, eine zentrale Frage des Buches in den Mittelpunkt stellen.»Kann sie nach vielen gescheiterten Therapien den Weg zurück in ein normales Leben finden?«, wäre eine solche Frage.

Mittlerweile hat die Autorin den Klappentext überarbeitet. Hier sehen Sie die zweite Version.

Albtraum Traumgewicht, Version 2

Mein Weg aus dem Dickicht von Essstörung und Therapien.

Traumgewicht als Flucht und Illusion

Aus dem Spieglein an der Wand sprach die Böse Königin Anorexia zu mir:

»Du bist nicht die Schönste und Klügste im ganzen Land! Du bist zu dick!«

Ich nahm mir die Worte der Bösen Königin zu Herzen und aß immer weniger, bis ich sehr krank war.

»Zu dick! Zu dünn! Zur Strafe sollst Du nun auch gestört sein!«

Die Böse Königin hexte mir Stimmen in den Kopf. Jetzt konnte sie immer und überall auf meine Gedanken zugreifen und mich steuern ...

Zeigt allen, die in einer Essstörung gefangen sind, dass es auch aus dem tiefsten Abgrund einen Weg zurück ins Leben geben kann.

Mein Albtraum beginnt zu verblassen ...

Sabine Henkes (23) lebt in Berlin und kämpft seit Jahren mit ihrer Magersucht und den Folgeschäden.

Heute lebt sie ein maßvolles, bescheidenes und oft zuversichtliches Leben.

Übung

Was ist der Unterschied zur ersten Version? Was ist besser, was schlechter?

Lektorat

Der Hauptunterschied ist die Anorexia, die Magersucht, die zur Bösen Königin wurde. Und damit entsteht eine Geschichte. Diese Technik, allgemeine Begriffe in Personen zu verwandeln, ist nicht nur im Klappentext wirkungsvoll. Schon Kafka kannte sie und schrieb nicht über bedrückende Familienverhältnisse, sondern verwandelte den Sohn der Familie in ein riesiges Ungeziefer. Ein Bild sagt mehr als viele Worte.

Diese Böse Königin handelt. Sie kann ihre Opfer besprechen. Und kennen wir nicht die Macht der Worte und Bilder, die uns vorgaukeln, dass nur die schön ist, die jede Sekunde auf ihr Gewicht achtet?

Details

Was halten Sie von dem Abschnitt ziemlich am Ende:

Zeigt allen, die in einer Essstörung gefangen sind, dass es auch aus dem tiefsten Abgrund einen Weg zurück ins Leben geben kann.

Mein Albtraum beginnt zu verblassen ...

Das geht anschaulicher.

Doch auch die Königin ist nicht allmächtig und ich fand einen Weg aus ihrem Kerker. Mein Alptraum beginnt zu verblassen.

Das Buch zeigt allen, die in einer Essstörung gefangen sind, dass es auch aus dem tiefsten Abgrund einen Weg zurück ins Leben geben kann.

Verschiedene Fassungen

Wenn Sie sich mit Ihrem Klappentext schwertun, probieren Sie verschiedene Fassungen aus.

Es gibt die **klassische Version**, die erzählt, was die Geschichte in Gang setzt. Die **Dreier Form**, die drei verschiedene Elemente benennt, zum Beispiel drei Personen mit ganz unterschiedlichen Zielen. Das Zitat am Anfang, das Atmosphäre und Konflikt atmet.

Nattermühle – Ki und das Tal des Schweigens

(c) Cornelia Lotter

Ein geheimnisvolles Tal in der Dübener Heide. Ein Verein, in dem Männer keinen Zutritt haben. Esoterische Riten rund um Mütterlichkeit und heilende Kreise. Und eine Frauenleiche, die plötzlich verschwunden ist. Die Detektivin Kirsten Stein hat es in ihrem sechsten Fall mit Kindesentzug, Erpressung und Freiheitsberaubung zu tun. Was sie entdeckt, als sie sich undercover in der Nattermühle einmietet, wird auch für sie zur existenziellen Bedrohung.

Ein spannender Thriller über die Kraft der Suggestion.

Lektorat

Verleitet dieser Klappentext zum Lesen? Ich meine: Ja. »Tal des Schweigens« ist ein einprägsamer Titel und »Thriller über die Kraft der Suggestion« ein spannendes Thema.

Aber dennoch könnte er sehr viel packender formuliert werden.

Fangen wir also an.

Der Titel gehört zum Klappentext

Der Klappentext findet sich auf der Rückseite des Buches unter dem Titel. Der Titel ist also Bestandteil des Klappentextes.

Damit kommt das Tal gleich zweimal hintereinander vor. Im Titel und dann im ersten Satz. Ein geheimnisvolles Tal in der Dübener Heide. »Tal des Schweigens« ist aber viel aussagekräftiger als »geheimnisvolles Tal«. Deshalb würde ich den ersten Satz streichen.

Aufzählung

Dann werden drei Dinge aufgezählt.

Ein Verein, in dem Männer keinen Zutritt haben. Esoterische Riten rund um Mütterlichkeit und heilende Kreise. Und eine Frauenleiche, die plötzlich verschwunden ist.

Das ist die Dreier-Version eines Klappentextes. Der erste Satz dieser Aufzählung sollte besonders einprägsam sein. Trifft das für einen Verein zu, in dem Männer keinen Zutritt haben?

Ich finde: Nein. Die Leiche, die verschwindet, wäre der bessere erste Satz und erst dann der Verein.

Stil

Wenn Sie diesen Stil der Aufzählung wählen, würde ich ihn auch beibehalten. Also nicht:

Die Detektivin Kirsten Stein hat es in ihrem sechsten Fall mit Kindesentzug, Erpressung und Freiheitsberaubung zu tun.

Sondern:

Kindesentzug, Erpressung und Freiheitsberaubung in der abgelegenen Dübener Heide.

Damit hätten wir auch den Ort der Handlung eingeführt, den ich oben zusammen mit dem ersten Satz gestrichen habe.

Dann folgen »existenziellen Bedrohungen«. Existenzielle Bedrohungen bedrohen Leser in keiner Weise. Doch es gibt ein Element im Satz, das konkret ist. Dass sich die Detektivin in der Nattermühle undercover einmietet. Formulieren wir also um, immer noch im Stil kurzer Aufzählungssätze:

Und eine Detektivin, die sich undercover in der Nattermühle einmietet.

Wer will, kann das noch verstärken mit einem anschließenden Satz. Zum Beispiel:

Doch dort ist nicht nur Mütterlichkeit zu Hause ...

Untertreibung ist in der Spannungsliteratur immer eine gute Idee.

Eine verbesserte Fassung

Nattermühle – Ki und das Tal des Schweigens

Eine Frauenleiche, die plötzlich verschwindet. Eine abgelegene Mühle in der Dübener Heide. Ein Verein, in dem Männer keinen Zutritt haben. Esoterische Riten rund um Mütterlichkeit und heilende Kreise.

Und eine Detektivin, die sich in der Mühle undercover einmietet. Doch dort ist nicht nur Mütterlichkeit zu Hause ...

Ein spannender Thriller über die Kraft der Suggestion.

Hier habe ich hinzugefügt:»Eine abgelegene Mühle in der Dübener Heide«. Heide erinnert an Dartmoor, an britische Gruselkrimis.

Klassische Version

Die endgültige Version der Autorin sieht nochmal anders aus:

Ein verzweifelter Vater bittet Privatdetektivin Kirsten Stein, genannt Ki, um Hilfe. Seine Ex-Frau hat die gemeinsame Tochter in ein unzugängliches Tal entführt, in dem rund um eine alte Wassermühle eine Sekte ihr Unwesen treibt. Sah für Ki anfangs alles nach einem einfachen Fall aus, entwickelt sich aus der Kindesentführung allmählich ein gefährlicher Mix aus Erpressung und Freiheitsberaubung. Ki erforscht heimlich die Höhle der Natter, obwohl sie weiß, dass diesmal Kommissar Martin Bender nicht bereitsteht, um sie in letzter Minute zu retten. Als sie glaubt, das Geheimnis der Frauen entdeckt zu haben, bringt sie die alte Mühle auf eine völlig andere Spur. Doch zu viel Neugier kann tödlich sein.

Lektorat

Das ist keine harte Aufzählung, sondern eine **klassische Variante** des Klappentexts. Das Problem am Anfang, ausführlicher geschildert (Tochter wird in unzugängliches Tal entführt). Solide, reißt mich aber nicht vom Hocker.

Was zeigt: Auch beim Klappentext gibt es unterschiedliche Geschmäcker. Was dem einen gefällt, kann andere kalt lassen.

Wem würde obiger Klappentext gefallen?

Ganz sicher Liebhaber klassischer Krimigeschichten. Eine Ermittlerin erhält einen Auftrag, der zunächst einfach erscheint, sich dann aber als immer gefährlicher entpuppt.

PS: Das Buch wurde unter dem Titel »Nattertal - Ki und der Kreis des Schweigens« veröffentlicht.

Übung

Lesen Sie sich noch einmal diese Fassung des Klappentextes durch. Was spricht Sie darin an, was nicht? Schreiben Sie es auf. Und verbessern Sie die obige Fassung dort, wo sie Sie nicht anspricht.

Weniger ist mehr

Ihr Buch enthält so viele Szenen, Figuren, Orte. Da fällt es schwer, sich im Klappentext zu beschränken. Schnell quillt er dann über und wird unübersichtlich.

Weniger ist mehr. Der erste Entwurf fällt *immer* zu umfangreich aus.

Halten Sie sich an die Hauptperson. Was widerfährt ihr, welcher Gefahr muss sie sich stellen? Da hilft nur streichen. Alle Personen bis auf drei. Auch die Vielzahl der Ereignisse sollte auf drei gekürzt werden. Der Hintergrund gehört nur dann in den Klappentext, wenn er ungewöhnlich ist.

Verloren in Dubai

(C) Gaby Barton

Die Berliner Privatdetektivin Kathrin H. Schmidt kämpft noch mit einer Depression. Da bekommt sie den zweifelhaften Auftrag, die verschwundene Nora in Dubai zu finden. Dubai ist der letzte Ort, wo sie hin möchte. Auch liegen ihre besonderen ermittlerischen Fähigkeiten brach. Und sie hat Zweifel, ob ihr Auftraggeber mit offenen Karten spielt. Da sie finanziell abgebrannt ist, nimmt sie den Auftrag an.

Ihr erster Aufenthalt in Dubai fordert Kate weit mehr, als sie es sich hat vorstellen können. Statt Nora entdeckt sie einen Immobilienbetrug aus 2009, der immer noch Brisanz hat. Außerdem gerät sie in ein Netzwerk von internationalen Spekulanten. Das Versprechen für schnellen Reichtum wirkt auch auf sie. Fast vergisst sie, warum sie eigentlich in Dubai ist. Als ein Mord passiert, gerät sie in sehr ernsthafte Schwierigkeiten. Um ihr zu helfen, riskiert ein flüchtiger Bekannter sein ganzes Vermögen. Damit lastet noch mehr Druck auf Kate, endlich mit Ermittlungen erfolgreich zu sein. Sie muss um Unterstützung vom exzellent vernetzten Engländer David Higgins bitten. Außerdem muss sie trotz ihrer tiefen Ablehnung mit Dubai Criminal Investigation kooperieren.

Lektorat

Eine gute Geschichte hat einen Konflikt und wirft eine Frage auf. Was ist hier der Konflikt?

Offenbar kämpft Kate mit ihrer Depression, müsste diese zu Ende therapieren, hat aber kein Geld und muss deshalb Aufträge aufnehmen. Das scheint der Ausgangspunkt zu sein – aber ich habe ihn erst nach mehrmaligem Lesen verstanden.

Und was für Folgen hat die Depression? Kann sie sich nur schwer konzentrieren? Bricht sie in Weinkrämpfe aus? Depressionen können Menschen in vieler Hinsicht behindern. Doch hier hat sie im Klappentext keinerlei Folgen und taucht nirgends mehr auf. Wenn ich mal spekulieren darf:

Die Berliner Privatdetektivin Kathrin H. Schmidt hat ihre Depression noch nicht austherapiert, benötigt aber dringend Geld. Deshalb nimmt sie den Auftrag an, die verschwundene Nora in Dubai zu suchen. Ihr Arzt rät ihr ab, sie bricht ab und zu in Weinkrämpfe aus, kann sich nicht konzentrieren. Doch sie nimmt den Auftrag an.

Was wissen wir über die verschwundene Nora? Gar nichts. Ist sie ein Kind, das der Vater entführt hat, der aus Dubai stammt? Sucht ihr Freund sie und vermutet sie in Dubai, weil sie dort mehrfach im Urlaub waren? Ist eine Investmentgesellschaft hinter ihr her, weil sie mit der Ladenkasse durchgebrannt ist?

Nehmen wir an, dass die Mutter nach der dreizehnjährigen Nora sucht, die vor kurzem einen Araber aus Dubai kennengelernt und sich in ihn verliebt hat. Jetzt ist Nora weg und der Mann auch. Die Mutter fleht Kate an, ihr zu helfen, sie selbst hat zwei kleine Kinder und ist alleinerziehend. Sie kann nicht fort. Vielleicht ist sie sogar mit Kate befreundet oder verwandt? Das würde den Konflikt verstärken. Versuchen wir's mal:

Die dreizehnjährige Nora hat vor kurzem einen Araber aus Dubai kennengelernt und ist seitdem verschwunden. Die Mutter verdächtigt den Mann, dass er mit Nora durchgebrannt ist und sie in seinem Harem dahinvegetiert.

Was fällt Ihnen im Text sonst noch auf? Viele Behauptungen:

- ein Immobilienbetrug
- internationale Spekulanten
- Versprechungen schnellen Reichtums
- ein Mord
- ein ganzes Vermögen wird riskiert
- ein exzellent vernetzter Engländer
- die ungeliebte Dubai Criminal Investigation

Behauptungen, so gefährlich sie auch klingen mögen, erhöhen die Spannung nicht.

Was ist denn der Konflikt? Der innere Konflikt von Kathrin ist ihre nicht austherapierte Depression. Der äußere ist die verschwundene Nora, die in Dubai gesucht werden soll.

Kate will nicht nach Dubai. Muss das in den Klappentext? Nicht unbedingt. Wenn Sie es aber aufnehmen, müssen Sie einen Grund angeben. Zum Beispiel:

Ausgerechnet Dubai! In Dubai hatte sie schon mal einen Auftrag, auf das Geld wartet sie noch heute. Und in Vollverschleierung durch eine glutheiße Stadt zu gehen, findet sie auch nicht so toll.

Alternativer Klappentext

So könnte ein alternativer Klappentext zu dem Krimi aussehen:

Die Berliner Privatdetektivin Kathrin H. Schmidt hat ihre Depression noch nicht vollständig austherapiert, benötigt aber dringend Geld. Deshalb nimmt sie den Auftrag an, die verschwundene Nora in Dubai zu suchen. Ihr Arzt rät ihr ab, sie kann sich immer noch nicht so gut konzentrieren wie früher und bricht ab und an in Weinkrämpfe aus.

Die dreizehnjährige Nora hat vor kurzem einen Araber aus Dubai kennengelernt und ist seitdem verschwunden. Die Mutter verdächtigt den Mann, dass er mit Nora durchgebrannt ist und sie jetzt in seinem Harem dahinvegetiert.

Ausgerechnet Dubai! In Dubai hat Kate schon mal einen Auftrag gehabt, auf das Geld wartet sie noch heute. Und in Vollverschleierung durch die glutheiße Stadt zu gehen, findet sie auch nicht so toll.

Doch sie nimmt den Auftrag an. In Dubai erwarten sie Immobilienspekulanten, ein reicher Engländer und die Dubai Criminal Investigation ...

Die Dreier-Lösung

Der obige Vorschlag ist umfangreich. Wenn Sie es kürzer, knapper, mehr im Crime-Noir-Stil möchten, zählen Sie drei interessante Personen oder Schauplätze auf:

Eine Privatdetektivin mit Depressionen und Weinkrämpfen, eine Dreizehnjährige, die mit einem Araber durchbrennt, und Dubai, eine glutheiße Stadt mit viel Geld und Frauen in Vollverschleierung.

Ein ungewöhnlicher Schauplatz, eine gehandicapte Privatdetektivin und ein entführtes Mädchen in einem spannenden Krimi.

Welche Variante Sie bevorzugen, die kurze Dreierlösung oder den klassischen Klappentext, hängt von Ihrer Geschichte ab. Ist sie im klassischen Stil geschrieben, dann empfiehlt sich die klassische Variante. Ist sie kurz, knapp, hart im Crime-Noir-Stil, wäre die kurze Dreierlösung besser.

Den Klappentext austesten

Klappentexte kann man austesten. Stellen Sie sie Ihren Fans, **Testlesern,** anderen Autoren vor. Fragen Sie, welche eher zum Lesen verleitet. Bieten Sie ihnen verschiedene Versionen an. Welche gefällt am besten?

Bitten Sie sie, zu erzählen, was sie von Ihrer Geschichte verstanden haben. Das schärft auch Ihr Gefühl für die Wirkung Ihrer Texte. Und dieses Gefühl ist für Autoren wichtig.

Lesen Sie Ihren Text laut vor. Dabei fallen Ihnen Dinge auf, holprige Stellen, die beim stillen Lesen verborgen bleiben. Lesen Sie den Text auf verschiedenen Medien. Auf dem Bildschirm, auf Papier, auf dem E-Book-Reader. Mit unterschiedlichen Schrifttypen. Auch das hilft, problematische Stellen zu erkennen.

Texte – egal ob Romane, Klappentexte oder Pitchs – müssen wirken. Das lernen Sie in den Diskussionen. Wenn etwas im Text nicht stimmt, spüren es die Leser.

Wenn Sie glauben, dass ich in puncto Klappentexte unfehlbar sei, irren Sie sich. Auch meine ersten Versuche gehorchen Papa Hemingways Satz: »Der erste Entwurf ist immer Scheiße«.

Hier kommt die erste Fassung des Klappentextes zu diesem Buch.

Klappentexte sind das Fegefeuer der Autoren. Doch es gibt Erlösung.

Hier erfahren Sie, wie Sie einen werbewirksamen Klappentext entwerfen. Wie Sie einen missglückten in einen tollen verwandeln. Und wie Sie die Hollywoodformel nutzen können.

Dieses Buch untersucht Klappentexte von Bestsellerautoren und von Newcomern. Stellt fest, was funktioniert, was nicht. Außerdem:

- Welche Romanelemente sich für die Klappe eignen

- Was ein Pitch ist und wie Sie ihn für Ihr Buch nutzen

- Verschiedene Typen von Klappentext und Pitch

- Checkliste für den Entwurf

- 8 Interviews mit erfolgreichen Selfpublishern und Verlagslektoren

Ein Buch aus der Praxis, für die Praxis.

Übung

Was fällt Ihnen an diesem Entwurf auf? Was würden Sie ändern?

Lektorat

Da auch ich gegen den Balken im eigenen Klappentext blind bin, obwohl ich die Splitter in denen anderer sofort erkenne, habe ich ihn zur Diskussion gestellt. In der Facebook Gruppe Self Publishing. Das Ergebnis können Sie nachlesen. Es lohnt sich, weil es ein gutes Beispiel ist, wie eine Diskussion auch alten Hasen weiterhelfen kann:

Kurz zusammengefasst: Der Text ist steif und langweilig, wenig anschaulich. Der Einstieg über die Bibel finden die meisten nicht toll. Ich gebe zu, ich liebe biblische

Anspielungen. Und oft übertreibe ich damit. Ein typischer Fall für »Kill your Darlings«.

Was lieben Sie? Welche Elemente tauchen bei Ihnen zu oft auf?

Die ausführliche Diskussion finden Sie hier:

https://web.facebook.com/groups/184413921615603/perm alink/1728668283856818/

Was halten Sie von der »Hollywood-Formel«? Reicht der Name, um Neugier zu wecken? Oder muss klar werden, was diese Formel bedeutet? Darüber sind die Meinungen geteilt, die einen finden es gut, dass es nicht erklärt wird. Denn Hollywood lässt erahnen, worum es geht. Andere würden gerne mehr etwas mehr erfahren, damit es sie zum Lesen reizt.

Eine der Fälle, in denen es kein richtig oder falsch gibt. Der Autor muss entscheiden.

Nicht alles passt zu jedem

Vieles habe ich in diesem Buch geschrieben, was ein Klappentext haben sollte. Den Grundkonflikt sollte er darstellen, die Atmosphäre des Buches spiegeln. Der Leser möchte eine Vorstellung vom Inhalt gewinnen.

Manches ist aber auch Geschmackssache. Soll der Text zu diesem Buch eher sachlich oder eher werbemäßig wirken? Ein Autor, der lieber sachlich formuliert, wählt besser einen sachlichen Text. Wer flapsig schreibt, wird auch einen entsprechenden Text wählen.

Matthias Matting, der Chef der Selfpubisherbibel, schreibt sachlich. Seine Fassung eines Klappentextes für dieses Buch wäre die nüchterne Alternative.

Ein stimmungsvolles Cover und ein genialer Titel haben interessierte Kunden auf Ihr Buch aufmerksam gemacht. Jetzt fehlt nur noch der letzte Schritt, der den Besucher in einen Käufer verwandelt: Sie brauchen einen überzeugenden Klappentext. Hier erfahren Sie, wie Sie ihn entwerfen, wie Sie einen missglückten in einen tollen verwandeln und wie Sie die Hollywoodformel nutzen. Dieses Buch untersucht zahlreiche Beispiele von Bestsellerautoren und Newcomern und zeigt Ihnen konkret, was funktioniert und was nicht.

Schreib-Profi Hans-Peter Röntgen, seit 25 Jahren Lektor und Mitglied im Verband freier Lektorinnen und Lektoren, erklärt Ihnen:

- Welche Romanelemente sich im Klappentext wiederfinden
- Was ein Pitch ist und wie Sie ihn für Ihr Buch nutzen
- Wann Sie welche Typen von Klappentext und Pitch einsetzen
- Warum diese Textart so schwierig zu formulieren ist
- Wie Sie beim Entwurf Schritt für Schritt vorgehen – mit Checkliste

Den ausführlichen Ratgeber ergänzen acht Interviews mit erfolgreichen Selfpublishern und Verlagslektoren.

Ich formuliere gerne flapsiger, auch in den Titeln meiner Bücher. Also habe ich reißerische Alternative gewählt:

Horror vorm Klappentext? Endloses Grübeln über wenige Sätze? Das muss nicht sein.

Hier kommt die Lösung:

Lernen Sie, wie Sie einen werbewirksamen Klappentext entwerfen und verbessern! Wie Sie die Hollywoodformel für die Rückseite Ihres Buches nutzen. Welche Elemente sich dafür eignen. Wie acht erfolgreiche Selfpublisher und Verlagsleute Klappentexte entwerfen.

Warum der Pitch, der eine Satz über Ihr Buch, so wichtig für den Erfolg ist und wie Sie ihn formulieren.

Hans Peter Roentgen hat mit »Vier Seiten für ein Halleluja« und »Drei Seiten für ein Exposé« Standardwerke über das Schreiben veröffentlicht, coacht seit vielen Jahren Autorinnen und Autoren und ist Koordinator der AG Selfpublishing im Verband der Freien Lektorinnen und Lektoren (VFLL).

Übung

Welche Fassung gefällt Ihnen besser? Warum?

Schreiben Sie eine eigene Version, Sie können Teile verwenden, aber versuchen Sie, etwas eigenes daraus zu erstellen.

Marketing

Die Zielgruppe

Pitch und Klappentext sollen die **Zielgruppe** des Buches ansprechen. Die Leserinnen und Leser, die sich für es interessieren könnten.

Damit stellen Sie klar, für wen die Geschichte nicht interessant ist. Gerne möchten Autoren eine möglichst große Zielgruppe ansprechen und verwenden deshalb sehr allgemeine Formulierungen im Klappentext und im Pitch. Da wird betont, dass die Geschichte spannend ist, dass es um alte Familiengeheimnisse geht und der Held niemals vermutet hätte, dass ...

Solche Formulierungen sprechen eine große Lesergruppe an. Im Idealfall glaubt der Autor, dass seine Zielgruppe »alle Leserinnen und Leser spannender Romane zwischen 18 und 80« sei.

Stephen King schreibt die Geschichten für seine Frau. Er stellt sich vor, wie sie darauf reagieren würde. Rowling hat ihren Harry Potter für zehnjährige Jungen geschrieben. Eine klar umrissene Zielgruppe.

Natürlich liest nicht nur Kings Frau seine Romane und Harry Potter hat unter allen Altersklassen Fans gewonnen. Weil beide ganz spezifische Geschichten schreiben. Und in Kauf nehmen, dass es auch Leute gibt, die sich nicht dafür interessieren.

Wenn Sie einen Roman für alle Leser zwischen 18 und 80 schreiben, dann haben Sie eine sehr allgemeine Vorstellung Ihrer Zielgruppe. Leicht entstehen so Geschichten gegen die niemand etwas sagen kann. Außer dass man sie sofort vergisst.

Schreiben Sie Ihren Klappentext auf eine Zielgruppe hin. Noch besser, stellen Sie sich Ihren idealen Leser vor. Und riskieren Sie, dass die Geschichte nicht allen gefallen wird. Wer allen gefällt, erntet zwar keine abfälligen Kritiken, aber leider auch kein großes Interesse.

Buchmarktprofis wissen: Erfolge zeichnen sich dadurch aus, dass es viele Fans gibt, die begeistert von dem Werk sind. Und etliche, die es unmöglich finden. In den Rezensionen schlägt sich das nieder, Erfolgsbücher haben viele fünf Sterne Rezensionen – aber auch etliche Verrisse. Erfahrene Buchkäufer wissen das.

Und das gilt auch für Klappentext und Pitch. Formulieren Sie beide anschaulich. Riskieren Sie, dass es Leser gibt, die das Buch sofort weglegen werden. Eine Geschichte, die keine Gegner hat, hat keine Fans. Habe ich das schon mal gesagt? Okay, das kann man nicht oft genug wiederholen. Und auch bei Pitch und Klappentext gilt: Der Wurm muss dem Fisch schmecken. Nicht dem Angler.

Persona Formular

Im Marketing arbeitet man gerne mit sogenannten **Personas**[1], um die Zielgruppe zu formulieren. Sie stellen sich ein Mitglied der Gruppe vor, und beschreiben alle Eigenschaften dieser Person, geben ihr auch einen Namen. Das dient in Firmen dazu, Zielgruppen jedem Mitarbeiter zu vermitteln.

---

[1] Thorsten Simon von BoD hat mich (und viele andere) auf der Frankfurter Buchmesse auf das Persona Formular aufmerksam gemacht.

Die Eigenschaften werden in vier Kategorien unterteilt.

Kategorie 1: Charakteristika (Alter, Geschlecht, Wohnort, Familienstand, spezifisches Fachwissen oder besonderen Fähigkeiten)

Kategorie 2: Ziele und Aufgaben (Hobbys, ehrenamtliche Tätigkeiten, Lebensziele)

Kategorie 3: Motivation (Vorbilder wie Stars, Sportler, Faktoren der Kaufentscheidung, was lehnt sie ab)?

Kategorie 4: Anforderungen und Bedürfnisse (Informationskanäle der Persona, Informationsbedürfnis, Erwartungen)

Dazu gibt es Fragebögen. Nicht alle sind für Autoren geeignet, um die Zielgruppe zu bestimmen. Schließlich ist vieles Lesern weniger wichtig als Käufern technischer Geräte. Anderes ist vorgegeben. Wenn Sie einen Krimi schreiben, ist die Zielgruppe die der Krimileser. Auch die unterscheiden sich, manche lieben ruhige Krimis, in denen nette Menschen in netten Orten nette Leute umbringen. Andere bevorzugen Psychothriller oder Serienmörder.

Ich habe einen solchen Fragebogen erstellt, an dem Sie sich orientieren können:

1. Charakteristika

Wie heißt Ihre ideale Leserpersona?
Ist sie weiblich oder männlich?
Welches Alter hat sie?
Was ist Ihre Schulbildung?
Ist sie verheiratet, Single, in einer Beziehung, sucht sie eine Beziehung?
Welchen Beruf hat sie?

2. Ziele und Aufgaben

Welche Hobbys hat sie?
Welche Bücher liest sie (Thriller, Krimi, Fantasy, Science Fiction, Liebesroman, Literarisches, etc.)?
Welche Art der Erzählung bevorzugt sie? (Action, ruhiges Erzählen, psychologische Tiefe, ausgefeilter Stil)?
Ist sie ein Viel- oder Gelegenheitsleser?

3. Motivation

Was sind ihre Werte, welche Eigenschaften ihrer Mitmenschen schätzt sie?
Welche Romanfigur hat sie beeindruckt?
Welche Filme liebt sie?
Welche Autoren schätzt sie?

4. Anforderungen und Bedürfnisse

Welche Sicherheitsbedürfnisse hat sie?
Wovor fürchtet sie sich am meisten?
Was mag sie überhaupt nicht?
Woher bezieht sie ihre Informationen (Fernsehen, Zeitung, Internet, Freunde)?
Was ist ihre politische, was ihre kulturelle Präferenz?

Natürlich müssen der ideale Leser, das Buch und der Autor zusammenpassen. Wenn Sie nur Westernhefte lesen, hat es wenig Sinn, für Liebhaber literarischer Romane im Stil von Thomas Mann zu schreiben. Und umgekehrt funktioniert das auch nicht.

Übung

Entwerfen Sie für Ihr aktuelles Projekt einen Leser mit dem Persona-Formular. Wie sieht Ihre ideale Leserin aus?

U2, U3, U4 - spezielle Formate des Klappentextes

Der Klappentext heißt so, weil er ursprünglich auf der Klappe des Buchumschlags stand. Hardcover haben im Gegensatz zum Taschenbuch einen Umschlag, eine »Klappe«. Daraus ergeben sich vier Seiten.

U1 ist das Cover, **U2** der eigentliche Klappentext, **U3** die Vita mit den Informationen über die Autorin oder den Autor. Und **U4** ist die Rückseite.

Taschenbücher sind heute die häufigste Buchform. Da gibt es keinen Umschlag, sondern nur die Rückseite. Weswegen diese »Klappentext« genannt wird, obwohl das alte Verlagshasen schaudern lässt.

Vita und Foto

Gehören **Vita** (Angaben über die Autorin) oder Foto in den Klappentext?

Kommt darauf an. Bedenken Sie, dass der Klappentext übersichtlich sein soll und deshalb nur begrenzten Platz bietet. Je mehr Sie hinein quetschen, desto unübersichtlicher wird es und schreckt Leser ab. Weil die Vermutung entsteht, dass auch das Buch chaotisch ist.

Mein Tipp: Nur dann etwas über den Autor schreiben, wenn es der Werbung nützt, den Klappentext also interessanter macht. Welches Studienfach Sie absolviert haben, dass Sie schon als Kind gerne geschrieben haben, dass Sie Bücher lieben, all das übliche 08/15 lassen Sie besser weg.

Und wann nützt die Vita?

Meiner Meinung nach nur in zwei Fällen. Einmal, wenn der Autor besondere Fähigkeiten bezüglich des Buches vorweisen kann. Nehmen Sie zum Beispiel den Klappentext von »Mit bloßen Händen«. Dort ist ein Arzt die Hauptperson. Wenn Sie Chefarzt sind und über eine Klinik schreiben, gehört das auf die Rückseite. Wenn Sie einmal einen Erste-Hilfe-Kurs gemacht haben, lassen Sie es weg. Ebenfalls die Bemerkung, dass Sie lange und gründlich das Thema recherchiert haben. Denn bei einem Buch ist es selbstverständlich, dass der Autor sich informiert hat und weiß, worüber er schreibt.

Die zweite Möglichkeit ist ein ungewöhnlicher **Lebenslauf**. Wenn Sie mit fünfzehn das Gymnasium geschmissen haben und als Leadsängerin einer Punkgruppe durch die Lande zogen, sollte ein Satz dazu auf den Klappentext. Ein Satz! Nicht eine ausführliche Geschichte mit allen Orten, an denen Sie aufgetreten sind.

Das Autorenfoto

Ein **Autorenfoto** gehört zwar heute dazu, weil die Leser mehr über Ihre Autorinnen wissen wollen. Aber es nimmt Platz auf der Rückseite des Buches ein. Ich würde es nur platzieren, wenn Sie Raum übrig haben. Ein guter Klappentext ist wichtiger als ein Autorenfoto.

Nicht vergessen: Wenn Foto, dann sollte es professionell wirken, also besser von einem Fotografen machen lassen.

U3 für Vita und Foto

Verlage posten bei Hardcovern immer auf der U3 des Umschlags die Vita und das Autorenfoto. Wenn Ihr Buch ein Taschenbuch ist und keinen Umschlag hat, können Sie die letzte Seite im Buch für Vita und Foto nutzen.

Dort haben Sie mehr Platz, um etwas über sich zu erzählen. Aber auch dort sollten Sie sich immer überlegen, was die Leserinnen interessiert. Details Ihres Lebenslaufes, angefangen von Grundschule über Studium bis zu Ihrer Scheidung wird in den seltensten Fällen Interesse wecken. Wählen Sie Themen aus, die ungewöhnlich sind. Witz ist immer gut.

Übung:

Schreiben Sie Ihre eigene Vita. Kurz, knackig, ein Satz für die Rückseite. Und ausführlicher für die Innenseite. Was interessiert Ihre ideale Leserin an Ihrer Vita?

Rezensionen

Ein knackiger Satz aus einer **Rezension** ist eine gute Werbung im Klappentext. Denken Sie daran: Ein Satz wirkt überzeugend, ein endloser Text nicht.

Das Beste ist ein Satz einer bekannten Autorin, eines bekannten Autors oder einer überregionalen Zeitung. Auch regionale Zeitungen lohnen sich. Das Zitat kann man fett drucken und so von dem restlichen Klappentext abheben.

Und wie sieht es mit Besprechungen unbekannter Leser aus?

Wenn diese einen guten Satz zum Buch haben, eignen sich auch Zitate aus Amazons Rezensionen oder Blogs.

Wichtig: Um Sätze aus Rezensionen auf Klappentexten abzudrucken, braucht man eine Erlaubnis des Autors oder der Zeitung.

Checkliste Klappentext

Pitch

Wie lautet Ihr Pitch, Ihr erster Satz?

Haben Sie ihn an mehreren Personen getestet?

Ist der zentrale Konflikt deutlich?

Vermittelt er die Atmosphäre des Buches?

Informationen

Zeigt Ihr Text, um was es geht, was der Konflikt ist?

Enthält er die Hauptfigur?

Gibt es mehr als drei Personen? Dann streichen Sie die überflüssigen.

Enthält jeder Satz nur eine neue Information?

Wenn Sie eine Vita auf dem Klappentext haben, besteht sie nur aus einem kurzen Satz?

Wenn Sie aus Rezensionen zitieren: Haben Sie den Autor um Erlaubnis gefragt?

Aufbau

Ist der erste Satz des Textes ein Hook, der zum Weiterlesen lockt?

Ist der Mittelteil anschaulich?

Fasst Ihr letzter Satz den Klappentext zusammen oder gibt einen Ausblick auf weitere Probleme?

Umfasst Ihr Text weniger als 100 Worte (700 Anschläge)?

Stil

Gibt es lange Sätze im Text (länger als eine Zeile oder mehr als eine Information)? Verwandeln Sie sie in mehrere Sätze.

Gibt es Nebensätzen oder komplexe Strukturen? Brechen Sie diese auf.

Gibt es schwer verständliche oder abstrakte Worte?

Wiederholen Sätze bereits Gesagtes? Streichen Sie sie.

Haben Sie den Text auf Füllwörter kontrolliert?

Prüfen Sie alle Adjektive und Adverbien, ob sie nötig sind!

Gibt es substantivierte Verben im Text? Verwandeln Sie sie in Verben!

Atmosphäre

Spiegelt der Text die Atmosphäre Ihres Romans wieder?

Enthält der Text klare Aussagen? Oder benutzen Sie Abschwächer, die Ihre Aussagen in Zweifel ziehen?

Weckt der Text Emotionen?

Rechtschreibung und Grammatik

Haben Sie den Text auf Rechtschreibung und Grammatik geprüft?

Klappentext zum Nachschlagen

Damit Sie später nicht verzweifelt alles nachschlagen müssen, habe ich alle wichtigen Begriffe hier zusammengefasst.

Anfang der Geschichte

Was setzt Ihre Geschichte in Gang? Alles davor ist Hintergrund.

Alleinstellungsmerkmal → Unique Selling Point

Archetyp

Archetypen sind Geschichtsmuster, die in allen Kulturen vorhanden sind und die jeder Leser kennt. Sie liefern gute Pitchs und helfen, ein Buch einzuordnen.

Atmosphäre

Jede Geschichte hat eine Atmosphäre, die durch die Sprache, den Hintergrund und den Stil des Autors festgelegt wird. Die Märchen der Gebrüder Grimm haben eine eigene Atmosphäre, James Bond Romane eine andere.

Aufgabe eines Klappentextes

Ein Klappentext soll den Leser verleiten, das Buch aufzuschlagen und zu kaufen. Das Cover ist das erste, was jemand wahrnimmt. Wenn es anspricht, dreht er das Buch um, um den Klappentext zu lesen.

Aufreißer

Der Aufreißer ist der Pitch, der erste Satz des Textes.

Distanzwechsel

Mit einem Distanzwechsel lässt sich Spannung erzielen. Erst ein Satz, der nahe an der Hauptperson ist, dann eine distanziertere Schilderung der Geschichte, oft mit einem → Perspektivwechsel verbunden.

Dreiertyp

Fasst kurz, knapp drei Elemente zusammen. Entweder drei Personen mit unterschiedlichen Zielen, oder drei Orte oder drei Situationen.

Dreierregel

Menschen werden von Aufzählungen angesprochen, die drei Elemente enthalten, z.b.: Blut, Schweiß und Tränen.

Erster Satz

Der erste Satz eines Klappentextes ist entweder der Pitch oder ein zugkräftiges Zitat aus dem Text.

Exposé

Damit bewirbt man sich bei Literaturagenturen oder Verlagen. Anders als beim Klappentext enthält ein Exposé die gesamte Handlung bis zum Schluss. Die grundlegenden Anforderungen sind aber gleich.

Fahrstuhlpitch → Pitch

Film starten

Der Klappentext soll nicht die Geschichte nacherzählen, sondern im Leser einen Film starten, das Bedürfnis wecken, den Film weiter zu erleben.

Gegensatz

Gegensätze eignen immer gut im Klappentext. Die kleine Stadt und das große Unternehmen.

Gewissenskonflikt

Die Hauptperson hat nur die Wahl zwischen zwei Möglichkeiten, die beide moralisch fragwürdig sind.

Headline → Pitch

Hollywoodformel

Die Hollywoodformel hilft den Autoren, das Grundgerüst ihrer Geschichte darzustellen. Es gibt einen Helden (1), der sich in einer Situation (2) wiederfindet, aus der er sich befreien will. Er versucht, ein Ziel (3) zu erreichen, der Antagonist (4) will ihn aufhalten. Ist dieser erfolgreich, endet es für den Helden in einer Katastrophe (5).

Informationen

Die Informationen im Klappentext sollten verständlich und auf das Nötigste beschränkt sein.

KISS

Keep It Simple stupid, halte es einfach. Der Klappentext sollte leicht verständlich sein, nicht überfrachtet und sich auf das konzentrieren, was im Leser einen Film ablaufen lässt.

Klassischer Klappentext

Diese Form stellt am Anfang die Hauptfigur vor und ihr Problem und führt das mit ein oder zwei Absätzen aus. Eine andere Möglichkeit ist der → Dreiertyp.

Konflikt

Der Konflikt ist die Frage, die das Buch stellt. Wird Frodo den Ring vernichten können? Wird der Kommissar den Mörder stoppen? Wie kriegen sich die beiden im Liebesroman.

Lebenslauf → Vita

Me too

Me-too-Produkte (Ich-auch-Produkte) hängen sich an aktuelle Trends an und bieten dem Käufer nichts Besonderes. Sie werden über den Preis verkauft.

Mittelteil

Nach dem Pitch, dem Hook, ein, zwei Absätze, die anschaulich die Atmosphäre des Buches vermitteln und welche Schwierigkeiten die Geschichte in Gang setzen.

Persona

In der Werbung benutzt man die Persona, um die Zielgruppe zu definieren. Dazu gibt es Formulare, um sie zu beschreiben.

Perspektivwechsel

Wenn Sie im Klappentext ein Zitat aus dem Buch verwenden und außerdem eine Beschreibung der Handlung, ist das ein Perspektivwechsel. Das Zitat ist in der personalen Perspektive, die inhaltliche Beschreibung in der allwissenden.

Pitch

Der Pitch beschreibt das Buch in einem Satz. Er ist der Untertitel des Buches und dient auch als erster Satz des Klappentexts.

Point of No Return

Der Point of No Return ist der Punkt in der Geschichte, ab dem es kein Zurück mehr in den Alltag gibt.

Powerwords → Triggerwords

Schluss

Der letzte Satz, der das Buch kennzeichnet, Genre, Thema, Zusammenfassung des Klappentextes oder eine offene Frage. Der Schluss darf allgemein sein, wenn die vorangehenden Teile Bilder wecken.

Show, don´t tell

Zeigen, nicht behaupten, anschaulich schreiben ist im Klappentext das A und O, um Bilder zu wecken.

Speed-Dating

Eine kurze Gelegenheit, das eigene Projekt vorzustellen. Auf Buchmessen beliebt, um Literaturagenten für ein Buch zu interessieren. Dafür benötigt man Pitch und Klappentext.

Sprache

Ob man sagt: »Manfred Müller hat finanzielle Probleme, die sich aufhäufen« oder »Manfred Müller steht vor dem Ruin«, ist ein Unterschied wie zwischen einem Kerzenlicht und einem Blitzschlag. Im Klappentext muss jedes Wort sitzen.

Titel

Der Titel steht auf dem Cover und als Überschrift vor dem Klappentext. Er sollte zugkräftig sein.

Unique Selling Point (USP)

Der Unique Selling Point (Alleinstellungsmerkmal) beschreibt das Besondere eines Projekts. Das, was es von allen anderen unterscheidet.

Untertitel → Pitch

Vita

Beschreibt den Autor. Nur ein Satz: Was er mit dem Thema zu tun hat und was er Bemerkenswertes aufweist. Wichtig: Steht die Vita auf der Rückseite, muss der Klappentext kürzer sein.

Auf der U3 Seite des Umschlags oder der letzten Seite im Taschenbuch können Sie ein Foto und eine ausführlichere Vita abdrucken.

Widersprüchliches verbinden

Zwei bekannte Figuren verbinden, die nichts gemein haben, um einen guten Pitch zu liefern. Faust und die Punkerin Gretchen on the Road.

Zeigen, nicht behaupten → Show, don´t tell

Zielgruppe

Die Zielgruppe beschreibt die Lesergruppe, die sich für ein Buch interessieren könnte. Grobe Vorgaben sind das Genre

und Subgenre. Um die Zielgruppe zu bestimmen, werden
→ Personas verwendet.

Zitate

Ein gutes Zitat aus Ihrer Geschichte, das eine Frage stellt,
einen Konflikt benennt, liefert einen guten Pitch.

Interviews

Nika Lubitsch

Nika Lubitsch hatte lange Jahre einen Krimi auf ihrer Festplatte. Als Amazon sein KDP herausbrachte, stellte sie »Der 7. Tag« für den Kindle ein. Es wurde ein Hit, einer der ersten großen Erfolge der Selfpublisher-Geschichte, der mittlerweile mehrfach übersetzt und sogar verfilmt wurde. Heute kann sie vom Schreiben leben und hat weit über eine Million Bücher verkauft.

Hans Peter Roentgen: Was sollte deiner Meinung nach ein Klappentext leisten?

Nika Lubitsch: Er sollte den Leser neugierig auf das Buch machen. Klappentext, Cover, Titel und Name des Autors zusammen müssen das Buch verkaufen.

HPR: Du hast zahlreiche Bücher veröffentlicht. Wie sind die Klappentexte dazu entstanden? Hast du sie selbst entworfen, hast du andere beauftragt oder wurden sie vom Verlag geschrieben?

NL: Obwohl ich viele Jahre in der Werbung gearbeitet habe, fallen mir Klappentexte ungeheuer schwer. Denn sie müssen entstehen, noch während ich ein Buch schreibe, weil die Coverdesignerin den Text braucht, die Werbung vorbereitet oder das Buch bereits in die Portale eingestellt werden muss, damit dort Aktionen stattfinden können. Für mich heißt das: Klappentext schreiben, während ich noch am Buch arbeite. Und ich gehöre zu den Autoren, die ihren

Figuren den Raum geben, die Story zu entwickeln, d.h. oft kenne ich das Ende des Buches noch nicht, wenn der Klappentext entsteht. Dazu kommt, dass man beim Schreiben so tief in die Story verstrickt ist, dass es schwerfällt, das Wesentliche vom Unwesentlichen zu trennen. Als ich noch Verlagsbücher geschrieben habe, wurden die Klappentexte vom Verlag gemacht und die waren gelinde gesagt grauenvoll. Mit Sach- und Grammatikfehlern. Seit einigen Jahren verlasse ich mich bei den Klappentexten auf die Hilfe von Kollegen. Das heißt, ich entwerfe einen Klappentext und stelle ihn dann meinen Lieblingsautoren vor und die lesen nicht nur den Text, sondern mir die Leviten. Trotzdem kommt es vor, dass dann Johannes Zum Winkel von xtme mich anruft und meint, bei meinem Klappentext schlafen ihm die Füße ein. Wir Selfpublisher haben oft einfach nicht die Zeit, genügend Abstand zum Buch zu kriegen, um einen wirklich ausgefeilten Werbetext zu schreiben.

HPR: Was muss deiner Meinung nach ein Klappentext auf jeden Fall enthalten? Welche Informationen gehören hinein, welche nicht?

NL: Der Klappentext sollte den zentralen Konflikt enthalten. So weit möglich, sollten der Hauptprotagonist und das Setting darin vorgestellt werden.

HPR: Wie viel vom Buch darf ein Klappentext verraten?

NL: nicht all zu viel. Die Ausgangslage sollte kurz umrissen werden. Viel wichtiger ist, dass der Leser sofort erkennt: Das ist das Genre, das ich gern lese. Ich habe gelernt, dass auch Klischees bedient werden müssen, wenn man Erfolg haben will, auch wenn sich mir dabei mitunter die Fußnägel kräuseln.

HPR: Wie lang sollte ein Klappentext sein?

NL: Als alte Werbetussi bin ich ein Anhänger von je kürzer, desto besser.

HPR: Wenn im Klappentext eine Vita der Autorin, des Autors steht, was gehört da hinein? Was auf keinen Fall?

NL: Kommt auf das Genre an. Wenn ich zum Beispiel einen Krimi schreibe, der in den USA spielt, dann könnte ich erwähnen, dass ich zeitweise in den USA lebe. Bei einem Sachbuch sollte ich auf meine Fachkompetenz hinweisen. Ansonsten finde ich, gehört in den Klappentext keine Autoren-Biografie. Der Leser soll das Buch kaufen, nicht den Autor.

HPR: Autorenfoto auf den Klappentext? Ja oder Nein?

NL: Ich hasse es! Bei einem Buch, das einen Innenumschlag hat, also zum Beispiel bei einer Klappenbroschur, da könnte ein Foto vom Autor stehen. Aber mal ehrlich, wie im richtigen Leben finden wir manche Menschen sympathisch und andere eher nicht. Das ist persönlicher Geschmack. Warum sollte ein Leser mein Buch nicht kaufen, bloß weil ihm meine Visage unsympathisch ist?

HPR: Manche Klappentexte enthalten Zitate aus dem Buch. Was hältst du davon?

NL: Habe ich auch schon benutzt. Wenn es die o.g. Anforderungen erfüllt, warum nicht?

HPR: Der erste Satz sei entscheidend, ob ein Leser weiterliest, heißt es oft. Stimmt das? Falls ja, wie sollte der erste Satz eines Klappentextes aufgebaut sein, was sollte er enthalten?

NL: Das gilt für alle ersten Sätze, egal ob im Buch, Klappentext oder einem journalistischen Beitrag. Der erste Satz sollte neugierig machen.

HPR: Wenn du Klappentext und Pitch vergleichst, was ist der Unterschied? Oder sollte der Klappentext ein Pitch sein?

NL: Oh je, da musste ich erstmal googeln. Für mich ist ein Pitch nämlich eine Wettbewerbspräsentation von Werbeagenturen. Wikipedia hat mir folgendes verraten: »Zusammenfassung des Ausgangspunkts, des Konflikts und der Lösung in einem Satz.« Wieder was gelernt. Das ist für mich eine Fingerübung, um herauszubekommen, ob mein Plot stimmt. Ich habe mal als Werbeleiterin in einem Filmverleih gearbeitet. Dort habe ich gelernt: Ein Film, den du nicht in einem Satz zusammenfassen kannst, wird ein Flop. Das gilt für mich auch für ein Buch. Aber vielleicht ist es auch einfach die Prämisse. Obwohl ich den Eindruck habe, dass das Schreiben mit Prämisse aus der Mode gekommen ist.

HPR: Gibt es einen Klappentext, der dich besonders begeistert hat, der dazu führte, dass du ein Buch gelesen hast, was du sonst nicht gelesen hättest?

NL: Ich habe viele Jahre Bücher nach Cover und Klappentext gekauft. Bin samstags in meinen Buchladen gegangen und habe mich an der Auslage bedient wie an einem kalten Buffet, quer durch alle Genres, um neue Schriftsteller kennenzulernen. Seitdem ich meine Bücher online kaufe, fällt das weg, dafür ist mein Lesehunger um ein Vielfaches preiswerter geworden. Es war also nicht ein Buch, es waren sehr, sehr viele. Was im Rückschluss für mich aber auch bedeutet: Der Klappentext ist in Zeiten von Amazon und Tolino weniger wichtig als bei gedruckten Büchern im stationären Handel.

HPR: Was ist dann beim Online-Handel wichtiger? Wonach wählst du dort aus?

NL: Ich wähle zunächst nach Genre aus, allerdings nach dem übergeordneten Genre, die Unterkategorien stimmen meist nicht in den Shops. Dann entweder nach Autorenname, weil ich dessen Bücher besonders schätze, oder nach Cover. Und hier sehen wir, dass E-Books eine ganz besondere Anforderung haben: Die Cover müssen in Briefmarkengröße funktionieren, d.h. mich entweder emotional ansprechen oder mir den Inhalt verkaufen. Ich kaufe also entweder Autor oder Optik. Der Klappentext ist für mich nur noch zweitrangig. Handelt es sich um einen mir unbekannten Autor, so schaue ich in die Leseprobe. Da merkt man bereits nach einem Absatz, ob der Stil des Autors einem liegt oder nicht.

HPR: Vielen Dank für das Interview

Nika Lubitschs Homepage findet sich unter: http://nikalubitsch.de

Patrizia Prudenzi

Patrizia Prudenzi lauschte als Kind gerne den gruseligen Erzählungen ihrer italienischen Oma, die sich als Dorfhexe einen Namen gemacht hatte. Viele Stunden verbrachte sie in der Krypta der Dorfkirche in den Apenninen zusammen mit den Mumien. Kein Wunder, dass sie heute Horror und Thriller schreibt. Aber auch Fachbücher, nüchterne IT ist ihr Beruf. Obwohl ... für so manchen kann auch Excel der reine Horror sein. Auch darüber hat sie geschrieben.

Ihr neuestes Werk »Mein kaltes Herz« erscheint im März 2018, spielt in den Raunächten zwischen Weihnachten und dem Dreikönigstag und, wie sollte es anders sein, seltsame Morde geschehen ...

Hans Peter Roentgen: Was sollte deiner Meinung nach ein Klappentext leisten?

Patrizia Sabrina Prudenzi: Ein Klappentext soll auf das Buch neugierig machen und auch zeigen, um was für eine Geschichte sich handelt. Das bedeutet, vom Klappentext her muss es klar sein, ob die Geschichte ein Krimi, eine Liebesgeschichte oder etwas Anderes ist.

HPR: Du hast zahlreiche Bücher veröffentlicht. Wie sind die Klappentexte dazu entstanden? Hast du sie selbst entworfen, hast du andere beauftragt oder wurden sie vom Verlag geschrieben?

PSP: Bei meinen Selfpublisher-Projekten lasse ich meine Leser und Freunde in Facebook abstimmen. Ich entwerfe zwei bis vier Versionen und sie werden der Abstimmung freigegeben. Meistens bekomme ich dann sehr gute

Hinweise und Hilfe. Nur einmal habe ich selbst einen Klappentext erstellt. Es war eine Katastrophe. Bei Büchern, die in einem Verlag erscheinen, wird der Text vom Verlag in Abstimmung mit dem Autor geschrieben.

HPR: Was muss deiner Meinung nach ein Klappentext auf jeden Fall enthalten? Welche Informationen gehören hinein, welche nicht?

PSP: Für mich muss der Klappentext mindestens den Pitch enthalten, also die Zusammenfassung der Geschichte in wenigen Zeilen. Darüber hinaus ein paar Hinweise über den Protagonisten und, was sehr schwierig ist, Spannung über den Verlauf der Handlung erzeugen. Was auf jedem Fall nicht rein gehört, ist die gesamte Handlung oder zu viele Details, dass es praktisch ein Spoiler ist. Dann hat man keinen Grund mehr, das Buch zu lesen.

HPR: Wie viel vom Buch darf ein Klappentext verraten?

PSP: Ich würde sagen, nur soviel, dass der Hauptkonflikt angedeutet wird, aber offenlässt, wie der Held/die Heldin das Problem löst. Mehr ist für mich nicht notwendig.

HPR: Wie lang sollte ein Klappentext sein?

PSP: In vielen Schreibratgebern steht, man sollte den Text so lange wie möglich schreiben. Es wird sogar eine Grenze von 2000 Wörtern angegeben. Mal ehrlich: Ich hätte selbst keine Geduld, einen so langen Text zu lesen. Ich denke, ein Absatz kann auch ausreichend sein, wenn der Inhalt stimmt. Optisch maximal ⅓ der Buchrückseite einnehmen.

HPR: Wenn im Klappentext eine Vita der Autorin, des Autors steht, was gehört da hinein? Was auf keinen Fall?

PSP: Ich würde nur in groben Zügen Details der Biografie dort veröffentlichen. Es kann ruhig auch etwas Privates drin stehen, aber keine Sätze wie »Ihr größter Wunsch war immer das Schreiben und davon träumte sie schon ihre ganze Jugend...«. Wenn ich solche Texte lese, lege ich das Buch zur Seite. Ich gehe nämlich immer davon aus, dass ein Autor von Schreiben träumt.

HPR: Autorenfoto auf den Klappentext? Ja oder Nein?

PSP: Warum nicht? Es muss auf jedem Fall ein schönes, natürliches Foto sein.

HPR: Manche Klappentexte enthalten Zitate aus dem Buch. Was hältst du davon?

PSP: Ja, wenn sie kurz sind und wenn sie helfen, den Gegenstand des Buches zu erklären, ohne den Inhalt zu verraten. Ich verwende diese Technik oft.

HPR: Der erste Satz sei entscheidend, ob ein Leser weiterliest, heißt es oft. Stimmt das? Falls ja, wie sollte der erste Satz eines Klappentextes aufgebaut sein, was sollte er enthalten?

PSP: Am besten einen Knaller. Ich verwendete oft Fragestellungen des Protagonisten. Zum Beispiel »Habe ich wirklich alle umgebracht? Ich weiß es nicht« aus 'Böses mit Bösem vergelten'. Das ist ein Teil des Pitches.

HPR: Wenn du Klappentext und Pitch vergleichst, was ist

der Unterschied? Oder sollte der Klappentext ein Pitch sein?

PSP: Für mich schon. Der Klappentext kann schon etwas länger sein, um zum Beispiel etwas über die Handlung preiszugeben, aber wenn man es sehr kurz machen will, würde für mich der Pitch völlig ausreichen.

HPR: Gibt es einen Klappentext, der dich besonders begeistert hat, der dazu führte, dass du ein Buch gelesen hast, was du sonst nicht gelesen hättest?

PSP: Eine ganze Menge! Ich wähle meine Bücher aufgrund vom Klappentext. Wenn der Text interessant ist, dann lese ich die erste halbe Seite, um etwas über den Schreibstil zu erfahren. Und wenn der mir auch gefällt, dann bin ich schon an der Kasse :-)

HPR: Früher haben sich Bücher nur im stationären Buchhandel als Print verkauft. Heute gibt es Online-Buchhändler und E-Books. Haben sich dadurch die Anforderungen an Klappentexte verändert?

PSP: Nein, überhaupt nicht. Die Klappentexte sind heute die Buchbeschreibungen, die in Online-Shops neben dem Cover erscheinen.

HPR: Vielen Dank für das Interview

Patrizia Prudenzis Homepage findet sich unter: http://www.patrizia-prudenzi.net

Madeleine Puljic

Obwohl Madeleine Puljic bereits als Kind mit dem Schreiben begonnen hat, hat das Hobby lange Jahre brachgelegen. Erst durch diverse Kurzgeschichten-Wettbewerbe wurde die Neigung zum Schreiben erneut geweckt.

Seit 2013 veröffentlicht sie ihre Bücher als Selfpublisher und schreibt außerdem für Perry Rhodan NEO sowie für John Sinclair und Maddrax.

Und im Herbst 2017 gewann sie den ersten Deutschen Selfpublishing-Preis für ihr Werk »Noras Welten«.

Hans Peter Roentgen: Was sollte deiner Meinung nach ein Klappentext leisten?

Madeleine Puljic: Ein Klappentext sollte einen Eindruck von dem vermitteln, was das Buch zu bieten hat, sowohl inhaltlich als auch, was die Stimmung beziehungsweise den Sprachstil angeht. Vor allem sollte er aber neugierig machen, mir also einen Grund liefern, weshalb ich dieses Buch und kein anderes lesen sollte.

HPR: Du hast zahlreiche Bücher veröffentlicht. Wie sind die Klappentexte dazu entstanden? Hast du sie selbst entworfen, hast du andere beauftragt, oder wurden sie vom Verlag geschrieben?

MP: Bei den Heftromanen übernimmt das zum Glück der Verlag. Für meine eigenen Bücher habe ich die Klappentexte selbst verfasst, oft mit viel Schweiß und Tränen. Es ist gar nicht so leicht, einen Text zu verfassen, der spannend klingt, die wichtigsten Themen des Buches aufgreift, aber keine Überraschungen verdirbt. »Unerklärliche Dinge geschehen« ist mir beispielsweise zu unspezifisch, da muss es schon ein bisschen genauer werden.

Ich versuche deshalb meist, dem eigentlichen Thema des Buches auf den Grund zu gehen. Entweder, indem ich das Thema möglichst treffend in einem Satz ausdrücke, dann in drei und so weiter, bis ich einen Text habe – oder ich schreibe einen langen Text und streiche so lange weg, bis nur noch die »coolen« Sachen übrig bleiben.

HPR: Was muss deiner Meinung nach ein Klappentext auf jeden Fall enthalten? Welche Informationen gehören hinein, welche nicht?

MP: Ich wüsste jetzt nichts zu benennen, was unbedingt in einen Klappentext hinein muss. Bei Sachbüchern natürlich das Thema, auch die Qualifikation des Autors wäre spannend und welchen Ansatz das Buch verfolgt, auch verglichen mit anderen Werken zum selben Thema.

Bei einem Roman wird das schon schwieriger: Zumindest den Hauptcharakter möchte ich vorgestellt bekommen und das Problem, das die Geschichte behandelt, damit ich weiß, worauf ich mich einlasse. Worum geht es, und warum soll mich das interessieren? Wie viele lustige Nebencharaktere es dann noch gibt, interessiert mich erst mal nicht.

Auch Pressestimmen und Blurps sind nur interessant, sofern sie einen Mehrwert bringen. »Das ist ein tolles Buch«, kann ich glauben oder auch nicht, interessant wird es dadurch auf jeden Fall nicht.

HPR: Wie viel vom Buch darf ein Klappentext verraten?

MP: Schwierig. Pi mal Daumen würde ich sagen: Was im ersten Drittel des Buches steht, darf in den Klappentext, beziehungsweise alles bis zum ersten »Plotpoint«: dem Punkt, an dem das Ziel der Handlung klar wird und der spannende Teil dahinter beginnt.

Ein klares No-Go ist für mich das Verraten von handlungsrelevanten Details, die sich erst ab der zweiten Hälfte des Romans abspielen. Das kenne ich leider immer wieder vor allem von Krimis und Thrillern – also gerade bei den Genres, wo es dem Leser den meisten Lesespaß verderben kann.

HPR: Wie lang sollte ein Klappentext sein?

MP: Bei mir bestehen Klappentexte in der Regel aus zwei Absätzen und einem kleinen Teaser darüber, damit lande ich meistens bei rund 500 Anschlägen inklusive Leerzeichen. Darin kann man alles Wichtige verpacken, es füllt den Buchrücken zur Hälfte aus, so dass noch Platz für alles andere bleibt, und fordert nicht zu viel Aufmerksamkeit.

Wenn der Klappentext zu lang oder der Anfang nicht spannend ist, wird der potentielle Leser schnell abbrechen. Ist der Text zu kurz, bekommt der Leser keinen richtigen Einblick und damit meist auch keinen Kaufanreiz geboten.

HPR: Wenn im Klappentext eine Vita der Autorin, des Autors steht, was gehört da hinein? Und was auf keinen Fall?

MP: Ich würde sagen, dasselbe, was man auch an anderer Stelle in eine Kurzvita des Autors schreiben würde. Interessant finde ich immer Alter und Herkunft, weil es mich den Autor schon vorab einschätzen lässt und eine menschliche Nähe herstellt. Gerne auch den beruflichen Werdegang. Dann natürlich Auszeichnungen und, falls vorhanden, die fachliche Kompetenz in dem Thema, das in dem Buch behandelt wird.

HPR: Autorenfoto auf den Klappentext, ja oder nein?

MP: Ich persönlich sehe mir die Fotos sehr gerne an. Auch hier schafft es einen Bezug zum Autor, er wird einfach greifbarer und dadurch glaubhafter. Das Foto und die Vita bevorzuge ich allerdings eher im Buch oder in den eingeklappten Teilen des Umschlags, wenn vorhanden – und nicht auf der Buchrückseite.

HPR: Manche Klappentexte enthalten Zitate aus dem Buch. Was hältst du davon?

MP: Falls sie passend gewählt sind und nicht zu viel verraten, lese ich sie sehr gerne. Gerade wenn der Klappentext nicht vom Autor selbst verfasst wurde, finde ich das eine gute Methode, um ein Gefühl vom »Ton« des Buchs zu geben.

HPR: Der erste Satz sei entscheidend, ob ein Leser weiterliest, heißt es oft. Stimmt das? Falls ja, wie sollte der erste Satz eines Klappentextes aufgebaut sein, was sollte er enthalten?

MP: Stimmt. Ich verwende dafür gern eine Kombination aus etwas Genretypischem mit einem Hä?-Effekt – nämlich genau jener Sache, die den Leser fesseln soll, sei es ein Charakter, das Setting oder einfach die Umstände, unter denen die Handlung stattfindet. Das sichert einem die

Aufmerksamkeit der Leser, so dass auch der Rest des Klappentextes – und dann auch das Buch – gelesen wird.

HPR: Wenn du Klappentext und Pitch vergleichst, was ist der Unterschied? Oder sollte der Klappentext ein Pitch sein?

MP: Der Pitch ist meistens kürzer als der Klappentext und kann durchaus das Ende des Buches verraten. Immerhin soll der Pitch nicht einem Leser Lust aufs Lesen machen, sondern einem Verlag oder einer Agentur zeigen, was das Besondere an dem Buch ist. Das kann natürlich durchaus im Ende liegen.

Ich würde also sagen: Der Klappentext verkauft die Geschichte, der Pitch die Idee, die dahintersteckt.

HPR: Gibt es einen Klappentext, der dich besonders begeistert hat, der dazu führte, dass du ein Buch gelesen hast, das du sonst nicht gelesen hättest?

MP: Spontan fällt mir dazu »Eene Meene – Einer lebt, einer stirbt« von M. J. Arlidge ein. Der Klappentext ist ebenso zwiespältig wie die Situation, in die der Leser sich versetzen soll. Mit wenigen Sätzen wird eine derartige Spannung aufgebaut, dass man gar nicht anders kann, als gleich weiterzulesen. Ich mag moralische Dilemmas.

HPR: Früher haben sich Bücher nur im stationären Buchhandel als Print verkauft. Heute gibt es Online-Buchhändler und E-Books. Haben sich dadurch die Anforderungen an Klappentexte verändert?

MP: Bisher habe ich keine Unterschiede in der Erstellung der Klappentexte festgestellt, außer natürlich, dass die

Konkurrenz über den Onlinehandel deutlich größer ist. Im Buchladen liegt nur eine begrenzte Auswahl auf dem Tisch, während sich ein Buch im Onlinehandel von allen Produkten abheben muss, auch von Büchern, die nicht mehr im Laden aufliegen oder nur online erhältlich sind.

Da ist es umso wichtiger, den Klappentext ansprechend zu formulieren und (bei Print-Büchern) auch zu gestalten. Die Lesbarkeit muss nicht nur inhaltlich, sondern auch optisch gegeben sein, immerhin wird auch meistens ein Bild der Buchrückseite abgebildet.

Die größere Konkurrenz gibt einem aber auch die Gelegenheit, ein breites Spektrum zu vergleichen und zu sehen, welche Art von Klappentexten im jeweiligen Genre gut ankommt – und welche Floskeln man besser vermeiden sollte, weil sie bereits hundertfach existieren.

HPR: Vielen Dank für das Interview.

Madeleine Puljics Homepage findet sich unter: http://www.madeleinepuljic.at/

Isabell Schmitt-Egner

Isabell Schmitt-Egner schreibt Horrorgeschichten, Thriller und Jugendromane, unter anderem für die Serie »Sam aus dem Meer«. Ihr neuestes Buch ist »Narbenkönig«. Sie lektoriert Bücher, ist Selfpublisherin und Verlagsautorin und hat früher beim Film gearbeitet.

Hans Peter Roentgen: Was sollte deiner Meinung nach ein Klappentext leisten?

Isabell Schmitt-Egner: Er sollte seiner natürlichen Aufgabe nachkommen: Dem Leser das Buch vorstellen. Nach der Klappe sollte ich eine Vorstellung davon haben, was mich im Buch erwartet, ohne dass alles verraten wurde. Das Genre sollte sich andeuten sowie der Hauptkonflikt.

HPR: Du hast zahlreiche Bücher veröffentlicht. Wie sind die Klappentexte dazu entstanden? Hast du sie selbst entworfen, hast du andere beauftragt oder wurden sie vom Verlag geschrieben?

ISE: Die habe ich alle selbst geschrieben und immer recht schnell. Ich habe nie verzweifelt darüber gehangen, weil ich für mich klar eingegrenzt habe, was ich zu dem Buch sagen will.

HPR: Was muss deiner Meinung nach ein Klappentext auf jeden Fall enthalten? Welche Informationen gehören hinein, welche nicht?

ISE: Als Erstes wären hier aus meiner Sicht der Protagonist und sein Konflikt zu nennen. Der Leser soll erfahren, welchen Kampf der Protagonist aufnehmen wird. Das ist die halbe Miete. Aussichten auf interessante Schauplätze können auch hilfreich sein, aber eine Idee vom Charakter des Protas und seines Kampfes muss man mindestens bieten. Dabei würde ich dazu raten, sich weniger auf mysteriöse Andeutungen und unheilschwangere Phrasen zu verlassen, sondern lieber ein paar konkrete Plotköder an den Haken zu stecken. Ein paar handfeste Angebote an den Leser, nicht zu viele natürlich – nur gerade so, dass Fragen aufgeworfen werden, die der Leser beantwortet sehen will.

Leider werden in vielen Klappentexten schon mal die ersten zwei bis drei Wendepunkte ausgeplaudert, ohne dass man wirklich dabei erfährt, wohin die Reise geht. Dazu werfen manche Klappen mit völlig nebensächlichen Details um sich, die kein Mensch dort lesen will oder braucht. Gern garniert mit Standardphrasen.

HPR: Wie viel vom Buch darf ein Klappentext verraten?

ISE: Wie oben schon erwähnt, ist zu viel Information nicht gut. Es fällt vielen Autoren schwer, nicht alles auszuplaudern. Sie denken vielleicht, dass der Klappentextleser sehen sollte, was sie noch alles in der Hinterhand haben. Meiner Ansicht nach falsch. Man muss es ertragen, Überraschungen und Informationen zurückzuhalten. Es ist auch möglich, dass man den scheinbaren Hauptkonflikt preisgibt und dann kommen noch andere Dinge nach, mit denen keiner gerechnet hat, der Konflikt ist viel gewaltiger, als die Klappe hat ahnen lassen.

Es sollte gerade genug verraten werden, dass der Leser sich dafür interessiert und wissen will, wie der Protagonist dieses Problem lösen wird.

Bei vielen Klappen bekommt der Leser aber die Handlung bis zu guten 50% als Vorspeise serviert. Das heißt, es erwarten ihn beim Lesen erst nach der Hälfte des Buches eventuell neue Wendungen. Besonders bei Liebesromanen sieht man das oft, dass unglaublich viel verraten wird. Für dieses Interview habe ich mal in einen solchen Roman hineingeschaut. Die Klappe hat die Handlung dort bis fast 60% des Romans skizziert. Eindeutig zu viel.

HPR: Wie lang sollte ein Klappentext sein?

ISE: Schwer zu sagen. Ein Hinweis: Hat der Selfpublisher bei der Gestaltung des Buchumschlags Probleme, den Text auf der Rückseite unterzubringen, dann war es zu viel. Und das passiert gar nicht so selten. Ich gestalte auch Buchcover und da werden gern kleine Romane als Klappe geliefert. Ich wage es dann immer, Kürzungen anzubringen. Die meisten nehmen das dann auch an.

Es hängt erst mal ein wenig von der Komplexität der Handlung ab. Ich kann mir auch eine Klappe vorstellen, die aus ein bis zwei Sätzen besteht.

Beispiel: *»Der Abschlussball ist jedes Jahr das wichtigste Ereignis an der Coldfalls High, und Ella will die Schule unbedingt als Ballkönigin verlassen. Um das zu erreichen, ist ihr jedes Mittel recht ...«*

Fertig. Reicht im Grunde schon für einen Jugendroman. Vielleicht auch für einen Thriller?
Natürlich könnte man sich noch über Ellas Freunde auslassen, die sie ohne Erfolg zur Vernunft bringen wollen,

aber muss man das? Nein. Wir wissen auch so, dass Ella wahrscheinlich eine Diät machen wird, dass sie Freunde verlieren wird, dass sie zu illegalen Mitteln greifen wird. Wir wissen nicht, ob sie Ballkönigin wird, das ist wirklich komplett offen, aber es wird sie und andere etwas kosten und wir wollen erfahren, was es ist. Das reicht erst mal, um das Buch lesen zu wollen. Vielleicht bringt Ella ja sogar jemanden um? Und wenn ja, aus Versehen oder mit Absicht?

Da sind sie wieder, unsere offenen Fragen. Dafür haben uns zwei Sätze genügt.

Meine Klappentexte starten bei circa 60 Wörtern und gehen nicht über die 200 hinaus. Ich habe heute nochmals nachgeschaut und festgestellt, dass ich bei einem Roman noch fast 200 Wörter in der Klappe habe, während der Folgeband mit gerade mal 30 Wörtern auskommt.

Bei den 200 Wörtern war ich noch unerfahrener im Klappentextgestalten. Heute würde ich das radikal einkürzen.

HPR: Wenn im Klappentext eine Vita der Autorin, des Autors steht, was gehört da hinein? Was auf keinen Fall?

ISE: Ich persönlich bin kein Freund davon, dass sich der Autor in irgendeiner Form in den Vordergrund schiebt. Aber wenn es denn unbedingt sein muss, dann finde ich die privaten Umstände des Autors weniger interessant als bestimmte Professionen und Hintergründe.

Interessantes Beispiel: Die Autoren Preston und Child. Die Vita der beiden enthält Informationen zu ihrem beruflichen Werdegang. Dabei erfahren wir, dass der eine Autor als Verlagslektor und Programmierer und der andere in einem Naturkundemuseum gearbeitet hat. Dort lernten sie sich auch kennen und schrieben ihre erste Geschichte, die in diesem Museum spielt. Als Leser weiß ich nun, dass die beiden wissen, wovon sie reden, was in den Büchern auch deutlich wird. Es geht oft ums Programmieren und um biologische Phänomene.

Die gewachsene Zusammenarbeit der beiden mit diesem Hintergrund verspricht dem Leser fundierten Lesespaß.

Aus meiner Sicht weniger gelungen sind die uninteressanten Abhandlungen vieler Autoren über ihre Vergangenheit, dass sie schon mit neun Jahren immer geschrieben haben, was ihre Hobbys sind, Details zu ihrem Familienleben und dass die Autoren die besten Ideen bei Strandspaziergängen oder im Starbucks-Café haben.

Geradezu bedenklich sind selbstdarstellerische Märchengeschichten in der Vita, die man kaum glauben kann.

In der Vita würde ich Fakten unterbringen, welche die Leser interessieren könnten. Dass man schon als Teenager gern Tagebuch geschrieben hat, ist vielleicht weniger relevant als das Wissen um bestimmte Themen, die für die Geschichte eine Rolle spielen.

Die Anzahl der bisher veröffentlichten Bücher zu erwähnen, könnte dem Leser einen Eindruck von der Erfahrung des Autors vermitteln.

Auf keinen Fall hineinschreiben würde ich zweifelhafte Nominierungen und Preise, die sich bei näherer Betrachtung als Nullnummer entpuppen. Zum Beispiel habe ich mitbekommen, dass einige junge Autoren in der Vita ihre Platzierung auf einer facebookgruppeninternen Liste, die im Rahmen eines inoffiziellen Wettbewerbs erstellt wurde, erwähnen wollten.

HPR: Autorenfoto auf den Klappentext? Ja oder Nein?

ISE: Ich würde darauf verzichten, wenn es kein Sachbuch oder Fachbuch ist. Bei Romanen würde ich außen auf dem Buchumschlag auf jeden Fall davon Abstand nehmen. Ich weiß, da geht jetzt ein Aufschrei durchs Land. Man will schließlich das eigene Konterfei dort abgedruckt sehen. Aber vielleicht könnte man sich auch vorstellen, wie es für den Leser ist:

Das Buch als Schatzkästchen, das er öffnet, weil es ein Geheimnis für ihn bereithält.

Wer will auf seinem Schatzkästchen eine lächelnde Autorin sehen, die sich gedankenverloren auf einem Graustufenbild in Efeu einwickelt? Richtig. Niemand.

Ja, das ist hart. Aber das Buch, das verheißungsvolle, wird ein Stück weit entzaubert, wenn der Zauberer sich dermaßen prominent selbst in Szene setzt auf der Klappe.

Nach dem Motto: *»Seht, ist alles nicht echt, hab ich erfunden. Ich, der tolle Autor. Und ach ja – sehe ich nicht gedankenschwer und sensationell kreativ aus? Sag schon!«*

Es reißt den Leser meiner Ansicht nach raus aus dem Traum und ist überflüssig. Wenn unbedingt nötig, würde ich das hinten im Buch unterbringen. Bei Schutzumschlägen bietet der eingeschlagene Teil Platz für den Autor und sein Bild.

HPR: Manche Klappentexte enthalten Zitate aus dem Buch. Was hältst du davon?

ISE: In vielen Fällen nichts. Meistens sind es nämlich nichtssagende Phrasen, die bedeutungsschwanger und komplett langweilig über dem eigentlichen Text rumhängen. Zitate hauen nur dann rein, wenn man einen Satz findet, der Infos und Konflikt rüberbringt. Bei lustigen Büchern können Zitate die Art des Humors auf der Klappe vorwegnehmen und damit dem Leser die Möglichkeit geben zu entscheiden, ob er mit diesem Buch lachen kann und es deshalb kaufen möchte.

Bei der Auswahl des Zitats sollte man bedenken, dass der Leser das Buch noch nicht kennt. Das wird gern vergessen und dann steht da etwas, das vielleicht für den Autor der Hit ist und er sich begeistert die Hände reibt, aber der Leser überspringt die Zeile, da sie ihm nichts sagt.

Findet man eine prägnante Stelle im Buch, die in wenigen Zeilen Stimmungen, Konflikte und Charakter der Geschichte zu skizzieren vermag, dann ist das etwas, das man zitieren könnte.

HPR: Der erste Satz sei entscheidend, ob ein Leser weiterliest, heißt es oft. Stimmt das? Falls ja, wie sollte der erste Satz eines Klappentextes aufgebaut sein, was sollte er enthalten?

ISE: Der Satz sollte schnellstmöglich den Konflikt andeuten oder das Ziel des Protagonisten erwähnen. Was passiert hier, was will der Mensch, was ist ihm zugestoßen? Und wie schlimm ist das? Ich denke, die meisten Leser schaffen es über den ersten Satz hinaus, da sie sehen, dass der Klappentext nicht lang ist. Trotzdem sollte man den ersten Satz nutzen.

HPR: Wenn du Klappentext und Pitch vergleichst, was ist der Unterschied? Oder sollte der Klappentext ein Pitch sein?

ISE: Nicht unbedingt. Wenn ich einem Verlag meinen Roman pitche, dann kann ich mehr sagen als in der Klappe. Nicht mit mehr Wörtern, aber mit mehr Inhalten. Ich könnte dem Verlag verraten, dass meine zukünftige Ballkönigin Ella anfangs auf aggressiven Wählerstimmenfang geht, mit Wahlmanipulation fortfährt, unterwegs eine Essstörung entwickelt und am Ende tatsächlich jemanden tötet.

Das hätte ich im Klappentext natürlich verschwiegen. Der Verlag will bei dem Pitch aber wissen, was er bekommt, was ich auf Lager habe. Das ist nicht der Moment für Geheimnisse und Spannung. Klappe und Pitch dienen auf ihre Art dem Verkaufen des Romans, aber die Kunden sind verschieden.

HPR: Gibt es einen Klappentext, der dich besonders begeistert hat, der dazu führte, dass du ein Buch gelesen hast, was du sonst nicht gelesen hättest?

ISE: Nein, leider nicht. Mir fällt zumindest keiner ein.

HPR: In der Buchhandlung ist der Klappentext extrem wichtig. Wie sieht es im Online-Buchhandel aus, bei E-Books, haben da andere Dinge eine größere Bedeutung?

ISE: Grundsätzlich ist das Erste, was der der geneigte Leser online sieht, das zweidimensionale Buchcover. Und davon lassen sich viele schon mal zum Weiterscrollen oder Draufklicken verleiten. Dann ist in der Tat das Nächste der Klappentext gleich ganz oben und ich würde ihn als wirklich relevant bezeichnen, da die Haptik, die ganze Buchaufmachung, fehlt. Bei E-Books gibt es keine Hardcover und keine schönen Schutzumschläge, und von dem Cover hat man auf dem Reader letztendlich nichts. So können wir nicht von prächtigen Goldlettern, die sich inzwischen auf jedem zweiten Fantasybuch finden, zum Kauf verleitet werden.

Aus meiner Sicht wird damit der Klappentext vielleicht sogar noch etwas wichtiger als im Buchladen, wo der körperliche Eindruck des Buches mit entscheidet, ob wir kaufen oder nicht.

Gerade auf Amazon bietet die Produktbeschreibung sogar die Möglichkeit, eine kleine Leseprobe zusätzlich einzufügen. Das wird leider nur von wenigen Autoren genutzt.

HPR: Vielen Dank für das Interview

Isabell Schmitt-Egner hat keine Homepage. Das ist Absicht.

Klaus Seibel

Klaus Seibel hat Theologie studiert, als Pastor gearbeitet und war Manager in einem Softwarehaus. Seit 2014 ist er hauptberuflich Schriftsteller, hat bei Verlagen veröffentlicht und als Selfpublisher, vor allem Science Fiction und Thriller. Sein erstes Projekt »Krieg um den Mond« war auf Anhieb erfolgreich, »Hoffnung Atlantis« ist sein neuestes Werk.

Hans Peter Roentgen: Was sollte deiner Meinung nach ein Klappentext leisten?

Klaus Seibel: Er soll den Leser neugierig auf das Buch machen. Er soll dem Leser sagen: Ich treffe deinen Geschmack und ich werde dich prächtig unterhalten.

HPR: Du hast zahlreiche Bücher veröffentlicht. Wie sind die Klappentexte dazu entstanden? Hast du sie selbst entworfen, hast du andere beauftragt oder wurden sie vom Verlag geschrieben?

KS: Meine Klappentexte habe ich immer selbst geschrieben. Bei den Verlagsbüchern wurden sie unverändert übernommen, bei meinen Selfpublisher-Büchern ist es sowieso meine Entscheidung. Wenn ich Zweifel habe, ob ein Text wirklich gut genug ist, habe ich eine Gruppe erfahrener Autoren, die ich um Rat fragen kann.

HPR: Was muss deiner Meinung nach ein Klappentext auf jeden Fall enthalten? Welche Informationen gehören hinein, welche nicht?

KS: Das Thema oder der Zentralgedanke des Buchs sollte für den Leser klar werden. Keinesfalls sollte man komplizierte Gedankengänge ausbreiten. Der Protagonist/die Protagonistin sollten erwähnt sein, aber kein Bündel von Nebenfiguren.

HPR: Wie viel vom Buch darf ein Klappentext verraten?

KS: Worum es in dem Buch geht und den zentralen Konflikt. Der Leser soll durch den Klappentext informiert werden, was das Buch ihm bietet, damit er entscheiden kann, ob es ihn interessiert. Lösungen sollte man nicht verraten, denn der Leser soll das Buch ja noch lesen wollen.

HPR: Wie lang sollte ein Klappentext sein?

KS: Gerade so lang, dass er sein Ziel erreicht. Für jedes Wort im Klappentext sollte man eine ernsthafte Begründung haben, warum es dort hineingehört. Bei einem Buch innerhalb einer Reihe sind Genre und Personen bekannt, dann genügen wenige Sätze. Bei einem alleinstehenden Buch mit ungewöhnlichem Thema kann es etwas mehr sein.

HPR: Wenn im Klappentext eine Vita der Autorin, des Autors steht, was gehört da hinein? Was auf keinen Fall?

KS: Eine Vita würde ich als eigenen Bereich betrachten, der meistens bei allen Büchern des jeweiligen Autors gleich ist. Die Vita gehört dem Autor, der Klappentext gehört der Geschichte. In den Klappentext würde ich Stichworte zum Autor aufnehmen, wenn sie für die Geschichte eine Bedeutung haben. Beispielsweise, wenn ein Kommissar Krimis schreibt, oder ein Pathologe Thriller, oder …

HPR: Autorenfoto auf den Klappentext? Ja oder Nein?

KS: In den Klappentext nein, in die Vita ja. Dadurch wird sie lebendiger und lebensechter, und man bekommt ein bisschen mehr Beziehung zu dem Buch. Viele Leser sind es inzwischen gewohnt, dass Autoren Menschen »zum Anfassen« sind.

HPR: Manche Klappentexte enthalten Zitate aus dem Buch. Was hältst du davon?

KS: Wenn sie gut sind … Alles, was den Leser neugierig macht, ist erlaubt. Nur bitte nicht so plump, wie etwa »Wird der Kommissar es schaffen …?« Dann denke ich »Ja, wird er!« und bin fertig mit dem Buch.

HPR: Der erste Satz sei entscheidend, ob ein Leser weiterliest, heißt es oft. Stimmt das? Falls ja, wie sollte der erste Satz eines Klappentextes aufgebaut sein, was sollte er enthalten?

KS: Der erste Satz wird umso wichtiger, je länger der Klappentext ist. Hat der gesamte Text nur vier oder fünf Sätze, werden sie wahrscheinlich alle gelesen. Wenn der Klappentext eine halbe Seite lang ist, muss der erste Satz schon ein echter Treffer sein, damit man den ganzen Text liest. Wenn es eine goldene Regel für den ersten Satz gäbe, würden wir nur solche Sätze lesen – und das wäre langweilig. Hier ist Kreativität gefragt, aber schließlich sind Autoren Künstler mit Worten.

HPR: Wenn du Klappentext und Pitch vergleichst, was ist der Unterschied? Oder sollte der Klappentext ein Pitch sein?

KS: Ein Klappentext ist vor allem eins: Werbung! Ein Leser ist durch Cover, Titel oder Autor auf das Buch neugierig geworden und steht nun vor der Frage: Gebe ich Geld für dieses Buch aus? Ist es Wert, dass ich meine Zeit für dieses Buch gebe? Dazu braucht er Basisinformationen, ob das Buch seinen Geschmack trifft, und einen Kaufanreiz. Alles, was nicht diesem Ziel dient, ist überflüssig.

HPR: Gibt es einen Klappentext, der dich besonders begeistert hat, der dazu führte, dass du ein Buch gelesen hast, was du sonst nicht gelesen hättest?

KS: Das ist schon mehrmals passiert, aber bei der Menge an Büchern, die ich gelesen habe, kann ich mich nicht an konkrete Klappentexte erinnern. Die geraten meistens durch das Lesen des Buchs in Vergessenheit – aber das ist kein Schaden, denn wenn sie einen dazu gebracht haben, das Buch zu lesen, haben sie ihren Daseinszweck zu hundert Prozent erfüllt.

HPR: Früher haben sich Bücher nur im stationären Buchhandel als Print verkauft. Heute gibt es Online-Buchhändler und E-Books. Haben sich dadurch die Anforderungen an Klappentexte verändert?

KS: Früher hatte man nur die Rückseite eines Buchs für Vita, Klappentext und eventuell ein Zitat. Diesen Platz konnte man aber frei gestalten. In Online-Shops fallen nahezu alle Gestaltungsmöglichkeiten weg, man muss

Leser ausschließlich durch Worte gewinnen. Dafür hat man mehr Platz zur Verfügung, den man allerdings sorgfältig nutzen sollte.

Die zweite große Veränderung gegenüber früher bringen die neuen Elemente, die hinzugekommen sind und zur Entscheidungsfindung beitragen: Die Bewertungssterne, der Verkaufsrang und die Rezensionen. Der Klappentext muss in dieses »Ensemble« hineinpassen. Die Werbung für das Buch formuliert jetzt nicht nur der Autor/Verlag, sondern genauso die Leser mit ihren Meinungen und Bewertungen. Falsche Informationen oder Übertreibungen fliegen durch die folgenden Lesermeinungen sofort auf.

Deshalb muss der Klappentext wahrhaftiger sein und sollte keine falschen Versprechungen machen, die für Enttäuschungen sorgen, denn die stehen kurze Zeit später ein paar Zeilen weiter unter dem Klappentext.

HPR: Vielen Dank für das Interview!

Klaus Seibels Homepage: http://www.kseibel.de/

Anne Weiss

Anne Weiss hat bei Eichborn und Kiepenheuer & Witsch gearbeitet, war Lektorin bei Bastei Lübbe und Ullstein. 2012 übernahm sie gemeinsam mit ihrem Co-Autor die Leitung der Bastei Lübbe Academy. Heute arbeiten beide freiberuflich als Autoren, Redakteure, Übersetzer und Coaches.

Zusammen mit Stefan Bonner veröffentlichte sie unter anderem das Sachbuch Generation Doof, das zwei Jahre lang auf der *Spiegel*-Bestsellerliste stand.

Hans Peter Roentgen: Was sollte deiner Meinung nach ein Klappentext leisten?

Anne Weiss: Der Klappentext ist ein Verstärker für Titel und Cover, ein Werbeinstrument. Der Sinn des Klappentextes ist nicht, die Handlung möglichst detailgetreu nachzuerzählen, sondern: Bock aufs Buch zu machen. Jede Info muss sitzen, da darf nix Überflüssiges rein – weniger ist mehr. Verführen, statt verwirren. Der Text muss mir als Leserin klar machen, warum ich das Buch unbedingt lesen sollte. In Deutschland erscheinen pro Jahr knapp 90 000 Bücher – da muss man alles tun, um sich aus der Masse abzuheben.

HPR: Du hast zahlreiche Bücher veröffentlicht. Wie sind die Klappentexte dazu entstanden? Hast du sie selbst entworfen, hast du andere beauftragt oder wurden sie vom Verlag geschrieben?

AW: Da mein Co-Autor und ich selbst lange im Verlagslektorat gearbeitet haben, schreiben wir die Werbetexte –

Klappentext, Vorschautext etc. – selbst. Wir kennen das Buch ja auch am besten. Solche Werbetexte sind trotzdem eine Gemeinschaftsleistung – wir sind immer sehr dankbar für die Meinung unserer Lektorin, der Kolleginnen und Kollegen aus Marketing, Presse oder Vertrieb. Schließlich ist uns daran gelegen, dass der Text möglichst rund wird, um die Zielgruppe genau zu treffen – wir möchten ja, dass das Buch erfolgreich ist. Unsere persönlichen Befindlichkeiten und Geschmäcker sind zweitrangig, die beste Formulierung zählt.

HPR: Was muss deiner Meinung nach ein Klappentext auf jeden Fall enthalten? Welche Informationen gehören hinein, welche nicht?

AW: Das kommt natürlich ganz stark auf das jeweilige Buch an. Als Autorin muss ich mich beim Werbetexten fragen: Warum sollten die Leute da draußen ausgerechnet *mein* Buch kaufen? Wen will ich erreichen? Was macht meinen Text unverwechselbar? Bei Sachbüchern auch: Warum ist mein Thema gerade jetzt aktuell? Ein guter Werbetext beantwortet all diese Fragen. Inhaltlich gesehen muss mir der Klappentext den Hauptkonflikt erzählen. Und da Menschen sich immer von menschlichen Schicksalen angesprochen fühlen, muss mir der Text die Hauptfiguren nahe bringen – zum Beispiel die Ermittlerfigur oder die Heldin einer Liebesgeschichte. Nur: Bitte, bitte nicht zu viele Personen im Klappentext auftauchen lassen! Je mehr Namen und verzwickte Figurenkonstellationen (womöglich noch mit lauter Nebenfiguren!), desto verwirrender der Text. Bei mehr als zwei, drei Namen schaltet man automatisch ab.

HPR: Wie viel vom Buch darf ein Klappentext verraten?

AW: Alles, was ich wissen muss, um weiterlesen zu wollen – und er muss mich mit interessanten Details packen. Viele (schlechte) Klappentexte enden mit einem Cliffhanger, der nicht genug erzählt und damit beliebig ist, so à la: »Der Kommissar entdeckte eine Spur. Doch dann passierte etwas, womit niemand gerechnet hatte …« das hat man so oft gelesen, dass es keine Spannung erzeugt, im Gegenteil. Präzisere Angaben machen den Text und damit das Buch unverwechselbarer. Ich möchte wissen: »Was genau war die Spur? Was passierte? Wem passiert es?« Natürlich darf der Klappentext nicht die Auflösung eines Rätsels verraten – wer der Mörder ist, zum Beispiel.[1] Aber der Text muss mich für die Taten des Killers interessieren, für den Zwiespalt des Kommissars, für den Sachverhalt eines Sachbuchs oder für das, was das Drama einer Liebesgeschichte genau ausmacht.

HPR: Wie lang sollte ein Klappentext sein?

AW: Im Laden entscheidet man sich innerhalb weniger Sekunden, ob man ein Buch in die Hand nimmt und umdreht. Wer durchs Cover getriggert ist, will sich auf der Rückseite nicht durch eine Bleiwüste quälen. Also: Auf gar keinen Fall zu lang! Gerade Erstlingsautoren sind oft enttäuscht, wenn der Klappentext kurz oder eine Nebenfigur nicht erwähnt ist. Aber niemand hat die Zeit, so viel Text zu lesen – wir sind den ganzen Tag von Informationen aller Art umgeben. Alte Marketingregel: Keep it simple! Verlage texten meist 350 bis 500 Zeichen (inklusive Leerzeichen). Aber darüber hinaus kann man sich als Faustregel am besten notieren: Je kürzer ich meinen Pitch fassen kann, desto besser. Ich habe schon Klappentexte gesehen, die bestanden nur aus einem Satz. Und haben mich total neugierig gemacht.

HPR: Wenn im Klappentext eine Vita der Autorin, des Autors steht, was gehört da hinein? Was auf keinen Fall?

AW: Bei Taschenbüchern steht die Vita meist auf Seite 3 im Innenteil. Wenn das Buch ein Paperback oder Hardcover ist, steht sie auf der U3[1]. Man schreibt in die Vita grundsätzlich das hinein, was mit dem Buch zu tun hat. Wenn es ein Roman ist, der auf Kuba spielt, dann macht es mich als Autorin glaubwürdig, wenn ich dort mal gewesen bin. Ist es ein Sachbuch über Autopsien, wäre es z.b. wichtig, zu erfahren, dass ich in der Rechtsmedizin arbeite. Bei einem Familienroman ergibt es Sinn, wenn in der Vita steht, dass ich selbst vier quirlige Kinder habe. Bei einem Thriller über die Mafia eher nicht. Dazu gehören Eckdaten über die Autorin oder den Autor hinein: Wohnort (nicht Adresse natürlich!) Und Alter sind meist Standard. Auch Nominierungen oder Preise, die langjährige Arbeit beim Fernsehen oder in einer Printredaktion können interessante Informationen sein, sie zeigen die Kompetenz. Last but not least kann man unterbringen, ob man schon mehrere Bestseller veröffentlicht hat oder ob es der Debütroman ist. Und die eigene Website (wenn sie mit dem Buch zu tun hat).

HPR: Autorenfoto auf den Klappentext? Ja oder Nein?

AW: Nicht auf die U4, aber in der U3 ist es schön, eins zu haben. Ein Muss ist es sicher nicht, aber ich als Leserin freu mich immer darüber. Wenn jemand ein geschlossenes Pseudonym hat, muss man natürlich kein Bild verwenden, aber sonst gern - Leser sind neugierig und wollen wissen, wer den Text geschrieben hat ...

HPR: Manche Klappentexte enthalten Zitate aus dem Buch. Was hältst du davon?

AW: Ein Buchzitat kann den Klappentext lebendiger machen. Eine Autorin, die ich kenne, stellt ihren Klappentexten immer ein Zitat ihrer Heldin voran oder setzt einen Dialog in den Klappentext. Das finde ich zu dem, was sie schreibt, sehr passend, weil sie ihren Leserinnen auch immer ein starkes Gefühl davon vermittelt, mit den Figuren verbunden zu sein. Aber das Zitat sollte auch für das stehen, was mich im Buch erwartet: Manchmal frage ich mich, warum jemand ausgerechnet *den* lahmen Satz ausgewählt hat. Das Zitat muss im Kontext des Klappentextes stehen. Es darf mich also nicht verwirren. Wenn es wörtliche Rede ist, dann sollte beispielsweise klar werden, welche Figur da spricht.[1] Wenn das Zitat den Pitch des Buches enthält, kann man es gut als Headline verwenden. Im Übrigen baue ich (wie es in den meisten Unterhaltungsverlagen gemacht wird) Klappentexte meist nach einem bestimmten Schema auf: Headline, Textkorpus, und – wenn es das gibt – ein Pressezitat oder eine lobende Äußerung eines Kollegen oder Journalisten unter dem Text.

HPR: Der erste Satz sei entscheidend, ob ein Leser weiterliest, heißt es oft. Stimmt das? Falls ja, wie sollte der erste Satz eines Klappentextes aufgebaut sein, was sollte er enthalten?

AW: Ja, der erste Satz ist entscheidend. Im Buch selbst wie auch auf dem Klappentext. Deswegen stellen viele eine Headline voran, die das Bedürfnis nach Sensation erst mal auffängt. Headline kann alles sein, was herausstechen soll, von »Der neue Bestseller von Pulitzerpreisträger XY« über das beste Pressezitat zum HC »'Saukomischste Story der Saison' *Hintertupfinger Tageszeitung*« (vor allem, wenn der Held ein Schweinchen ist) bis hin zu einer erdachten Pitch-Headline »Die meisten Serienmörder sind Männer - bis eine Frau ihnen zeigt, wo der Hammer hängt« (just joking, muss natürlich zum Genre passen und darf den Inhalt nicht veralbern, aber es ist hoffentlich klar, was ich meine ...) oder eben ein Zitat aus dem Buch. Alles, was neugierig macht und zeigt: Oh, hier habe ich was total Besonderes.

Klappentexte im Allgemeinen, vor allem im Genre, sollten eine möglichst einfache Satzstruktur haben. Die Mühe, sich durch einen Schachtelsatz zu kämpfen, um zu wissen, worum es in dem Buch geht, machen sich die allerwenigsten Menschen. Keep it simple! Das heißt nicht, dass man eine komplexe Geschichte wie für einen Dreijährigen erklären muss. Aber je einfacher ein komplizierter Sachverhalt dargestellt ist, desto besser.

Abgesehen ist die Frage, was ein guter erster Satz ist, sehr interessant. Was zieht mich in ein Thema hinein? Was schreckt mich ab? Ich glaube, dass es sehr hilft, sofort eine persönliche Bindung zum Buch herzustellen. Manchmal erreicht man das über eine Beschreibung (der Hauptfigur) oder sogar über eine persönliche Anrede der Leser) Der erste Satz wie auch der gesamte Klappentext darf nicht klischeehaft sein, sollte nicht zu viele Fragen aufwerfen, sondern mich ins Thema einführen. Nicht schon im ersten Satz alle Personen auftauchen lassen (womöglich noch mit vollem Namen...).

Ich habe als Lektorin oft mehrere Anfänge und Perspektiven ausprobiert, bis ich bei der richtigen angelangt bin und gesehen habe, was funktioniert – was mich am neugierigsten macht. Wenn man feststeckt und nicht mehr weiter weiß, dann hilft das oft sehr: Noch mal innerlich einen Schritt vom Text zurücktreten und einfach versuchen, die Geschichte oder den Sachverhalt aus der Perspektive einer anderen Figur zu erzählen. Manchmal kommt man schließlich zum ersten Text zurück, weiß dann aber, was man daran noch ändern muss.

HPR: Wenn du Klappentext und Pitch vergleichst, was ist der Unterschied? Oder sollte der Klappentext ein Pitch sein?

AW: Der Pitch ist sozusagen die Initialzündung. Viele kennen den Elevatorpitch – man soll das Tolle an seinem Projekt in kürzester Zeit erklären. In der Vorstellung steige ich im Erdgeschoss mit dem Verlagschef in den Fahrstuhl und muss ihm bis zu seiner Etage erklärt haben, warum er auf Ihr Buch bieten muss. Je neugieriger gleich die Grundidee meines Buches macht, desto schneller habe ich ihn am Haken – deswegen wird der Pitch im Drehbuchbusiness auch »Hook« oder »Hookline« genannt. Ein Satz reicht im besten Falle für den Pitch oder Hook aus – er ist demnach viel kürzer als der Klappentext. Der Pitch ist der Kern der Geschichte und das Hauptverkaufsargument – der Klappentext darf etwas mehr Information oder Ausschmückung enthalten, auch Stimmung erzeugen. Im besten Fall ist die Hookline natürlich so gut, dass sie für die Klappe verwendet werden kann. Es kommt auch hier auf das Projekt an. Zu einem Thriller passt eine knappe, spannungsgeladene Hookline meist besser als zu einem Landschaftsliebesroman à la Rosamunde Pilcher. Es hat was mit dem Stil des Buches zu tun, für das gerade getextet wird.

HPR: Gibt es einen Klappentext, der dich besonders begeistert hat, der dazu führte, dass du ein Buch gelesen hast, was du sonst nicht gelesen hättest?

AW: Ich bin ohnehin ein neugieriger Mensch, es ist leicht, mich für Bücher zu begeistern – allerdings nur, wenn sie neben einem spannenden Klappentext auch gut geschrieben sind.[1] Es gibt also ein paar Bücher, bei denen der Klappentext meine Neugier geweckt hat. Und es gibt einen Pitch, der so kurz ist, dass mein Kollege und ich ein Buch dazu geschrieben haben: *Generation Doof.* Jeder kann sich sofort was drunter vorstellen – ein freches Schlagwort, das erstaunlich wirksam war. Ich nehme sogar an, dass die meisten das Buch wegen des Titels gekauft haben. Natürlich haben wir lange am Klappentext gefeilt – aber das Beispiel zeigt: der Klappentext ist nicht alles. Es kommt auf ein stimmiges Gesamtpaket an, das den Nerv der Leser trifft.

HPR: Früher haben sich Bücher nur im stationären Buchhandel als Print verkauft. Heute gibt es Online-Buchhändler und E-Books. Haben sich dadurch die Anforderungen an Klappentexte verändert?

AW: Im Grunde sollte ein guter Werbetext immer die Kriterien erfüllen, die auch fürs Print gelten. Was anders ist, gibt die jeweilige Plattform vor. Da ich selbst ungern lange Texte am PC-Bildschirm oder in Apps lese, würde ich noch mehr auf einen kurzen, knackigen Slogan achten, damit man schnell auf »Kaufen« klickt.

HPR: vielen Dank für das Interview

AW: Sehr gern geschehen!

Die Homepage von Anne Weiss und Stefan Bonner findet sich unter: http://bonnerweiss.de/

Marah Woolf

Marah Woolf sagt über sich:»Als berufstätige Mutter von drei Kindern hat man eigentlich keine Zeit für Flausen im Kopf. Heute kann ich jedem nur raten, seine Flausen einzufangen und ihnen nachzugeben.« Sie hat ihren Flausen nachgegeben, schreibt Fantasy und Romance und hat über eine Million Bücher verkauft.

Hans Peter Roentgen: Was sollte deiner Meinung nach ein Klappentext leisten?

Marah Woolf: Er muss neugierig machen und den Leser verführen, dass Buch aufzuschlagen.

HPR: Du hast zahlreiche Bücher veröffentlicht. Wie sind die Klappentexte dazu entstanden? Hast du sie selbst entworfen, hast du andere beauftragt oder wurden sie vom Verlag geschrieben?

MW: Die meisten habe ich selbst geschrieben, mit Kollegen oder sogar mit meinen Lesern diskutiert, um herauszufinden, was ihnen am besten gefällt, was sie anspricht.

HPR: Was muss deiner Meinung nach ein Klappentext auf jeden Fall enthalten? Welche Informationen gehören hinein, welche nicht?

MW: In jedem Fall nicht zu viele. Bestenfalls, muss der Klappentext den Leser auf einer emotionalen Ebene erreichen. Ich versuche immer, möglichst viel zu sagen, ohne zu viel zu verraten und ein NO GO sind zu viele Namen.

HPR: Wie viel vom Buch darf ein Klappentext verraten?

MW: Immerhin so viel, dass der potentielle Leser ganz viele Fragezeichen im Kopf hat.

HPR: Wie lang sollte ein Klappentext sein?

MW: Kurz und knackig ist am besten, aber gerade darin liegt ja die Schwierigkeit. Und leider sind viele Klappentexte heute so austauschbar geworden.

HPR: Wenn im Klappentext eine Vita der Autorin, des Autors steht, was gehört da hinein? Was auf keinen Fall?

MW: Also das wäre für mich genauso unnötig, wie eine Vita in einer Rezension.

HPR: Autorenfoto auf den Klappentext? Ja oder Nein?

MW: Mich persönlich interessiert schon oft, wie ein Autor aussieht, also warum nicht?

HPR: Manche Klappentexte enthalten Zitate aus dem Buch. Was hältst du davon?

MW: Das finde ich ganz toll und versuche auch immer so zu starten. Dann kann der Leser schon mal ein bisschen fühlen, was ihn erwartet. Gerade überlege ich für ein Projekt, ob folgendes Zitat gut oder kitschig ist:

»Ich liebe dich«, sagte er feierlich. »Ich liebe dich seit der ersten Sekunde, in der ich dich getroffen habe. Es gab Tage, da habe ich es verdrängt, es gab Tage, da wollte ich es am liebsten vergessen. Aber das kann ich nicht.«

HPR: Der erste Satz sei entscheidend, ob ein Leser weiterliest, heißt es oft. Stimmt das? Falls ja, wie sollte der erste Satz eines Klappentextes aufgebaut sein, was sollte er enthalten?

MW: Ich kann folgenden Anfang ehrlich nicht mehr lesen: *Die ...jährige ... ist eigentlich ein ganz normales Mädchen/ Frau, bis sie den unwiderstehlichen ... trifft, den Jungen/ Mann mit den .... Augen, der offenbar ein Geheimnis verbirgt* 😊. Das ist ja alles interessant, aber nicht gerade außergewöhnlich. Da muss schon etwas anderes kommen. Vielleicht eine wirklich wichtige Information über die Hauptprotagonistin. *...hatte schon immer Angst vor Spinnen und nun hockte eine direkt über ihr und fraß seelenruhig eine Fliege.* Da frage ich mich doch direkt, fressen Spinnen wirklich Fliegen?

HPR: Wenn du Klappentext und Pitch vergleichst, was ist der Unterschied? Oder sollte der Klappentext ein Pitch sein?

MW: Im Pitchen bin ich sehr schlecht. Aber im Grunde glaube ich aber schon, dass beides große Ähnlichkeit hat. Aber einen umfassenden und knackigen Überblick mit ein paar Sätzen zu liefern ist eben eine Kunst für sich.

HPR: Gibt es einen Klappentext, der dich besonders begeistert hat, der dazu führte, dass du ein Buch gelesen hast, was du sonst nicht gelesen hättest?

MW: *Ein Skandal erschüttert das Städtchen Aurora an der Ostküste der USA: Dreiunddreißig Jahre nachdem die ebenso schöne wie geheimnisumwitterte Nola dort spurlos* *verschwand, taucht sie wieder auf. Als Skelett im Garten ihres einstigen Geliebten. Der berühmte, zurückgezogen lebende Schriftsteller Harry Quebert steht plötzlich unter dringendem Mordverdacht.* Da habe ich sofort Bilder im Kopf, von einem verschlafenen Städten und aus irgendeinem Grund ließ der KT mich an »Wer die Nachtigall stört« und Atticus Finch denken. Da musste ich das Buch einfach lesen, obwohl das eine mit dem anderen gar nichts zu tun hat. Ich bin jedenfalls seitdem ein Fan von Joel Dicker. Genau das meinte ich mit Bildern im Kopf. Fantasie kann man auch mit vier Sätzen anknipsen.

HPR: Früher haben sich Bücher nur im stationären Buchhandel als Print verkauft. Heute gibt es Online-Buchhändler und E-Books. Haben sich dadurch die Anforderungen an Klappentexte verändert?

MW: Ich denke schon. Beim E-Book fehlt ja das haptische Erlebnis es Lesers und da muss der KT umso mehr überzeugen.

HPR: Vielen Dank für das Interview

Marah Woolfs Homepage: http://marahwoolf.com/

Bettina Wörgötter

Bettina Wörgötter arbeitet seit vielen Jahren als Lektorin für den Verlag Zsolnay & Deuticke in Wien. Sie hat vergleichenden Literaturwissenschaft, Germanistik und Romanistik in Wien, Paris und Madrid studiert.

Hans Peter Roentgen: Was sollte deiner Meinung nach ein Klappentext leisten?

Bettina Wörgötter: Er sollte mir sagen, was mich in diesem Buch erwartet. Natürlich darf er auch nicht zu viel verraten. Er soll neugierig auf das Buch machen, Interesse wecken. Aber er darf auch keine falschen Erwartungen wecken.

HPR: Wie werden im Zsolnay Verlag die Klappentexte entworfen? Machen das die Lektoren, gibt es eigene Leute, die das tun, oder sind die Autoren dafür zuständig?

BW: Wir Lektor/innen schreiben die Texte, natürlich in Absprache mit den Autor/innen. Und beraten von den Kolleg/innen von Presse, Vertrieb und Werbung. Vorschau-texte, Klappen- und U4-Texte sind uns sehr wichtig, da wird so lange dran gefeilt, bis wirklich alle zufrieden sind.

HPR: Was muss deiner Meinung nach ein Klappentext auf jeden Fall enthalten? Welche Informationen gehören hinein, welche nicht?

BW: Ich denke, als Leser/in möchte man wissen, worum geht es in dem Buch. Wo und in welchem Jahrhundert befinde ich mich, um welche zentrale Frage geht es, wer sind die zentralen Figuren. Gibt es etwas über den Stil zu sagen, das ich als Leser/in vorab wissen sollte. Zusammen mit dem Titel, dem Umschlag und dem Text auf der U4 ist der Klappentext die Visitenkarte des Buchs. Er muss ein Gefühl für das Buch vermitteln, auf allen Ebenen: Genre, Handlung, Stil. Und – würden jetzt meine Kolleg/innen von der Marketingabteilung hinzufügen – einen Kaufanreiz bieten.

HPR: Wie viel vom Buch darf ein Klappentext verraten?

BW: Gerade so viel wie nötig, um Neugier und Interesse zu wecken. Natürlich keinesfalls wer der Mörder ist.

HPR: Wie lang sollte ein Klappentext sein?

BW: Kurz. So dass er auf eine Buchklappe passt, vielleicht so 1000 Zeichen ... (ohne Vita).

HPR: Wenn im Klappentext eine Vita der Autorin, des Autors steht, was gehört da hinein? Was auf keinen Fall?

BW: Nur was wirklich wichtig und für das Buch/Werk der Autorin/des Autors relevant ist. Also keine Witzchen und Hobbys und so weiter ...

HPR: Autorenfoto auf den Klappentext? Ja oder Nein?

BW: Das ist eine Geschmacksfrage. Wir haben das bis vor wenigen Jahren nicht gemacht, jetzt erscheinen unsere Bücher auch mit Fotos in der Klappe. Man erspart sich also das Googeln ... Es sollte jedenfalls ein gutes und halbwegs aktuelles Foto sein.

HPR: Manche Klappentexte enthalten Zitate aus dem Buch. Was hältst du davon?

BW: Auch das bietet sich manchmal an, im Klappentext oder hinten auf dem Buch, auf der U4. Kommt auf das Buch an, würde ich sagen. Manchmal ist so ein Zitat dazu angetan, sehr gut zu vermitteln, wie der Text geschrieben ist oder worum es ganz konkret geht. Aber das ist nicht immer so. Man sollte jedenfalls nicht ein Zitat vorschützen, um sich vor einer kurzen Darstellung des Buchs in eigenen Worten zu drücken.

HPR: Der erste Satz sei entscheidend, ob ein Leser weiterliest, heißt es oft. Stimmt das? Falls ja, wie sollte der erste Satz eines Klappentextes aufgebaut sein, was sollte er enthalten?

BW: Ist er das nicht immer? Der erste Satz des Klappentextes sollte wohl mindestens so genial sein wie der erste Satz des Buchs. Am besten, man ist sofort mitten in der Geschichte.

HPR: Wenn du Klappentext und Pitch vergleichst, was ist der Unterschied? Oder sollte der Klappentext ein Pitch sein?

BW: Der Klappentext ist ein Pitch, ja, aber meist noch kürzer, noch knapper, mit noch weniger Platz beziehungsweise Zeit.

HPR: Gibt es einen Klappentext, der dich besonders begeistert hat, der dazu führte, dass du ein Buch gelesen hast, was du sonst nicht gelesen hättest?

BW: Puh ... da fällt mir jetzt spontan leider kein bestimmter ein. Aber ich lese ja jeden Tag sehr, sehr viele Klappentexte (vor allem von internationalen Büchern) und entscheide auch danach, ob ich mich mit einem Buch näher beschäftige.

HPR: Früher haben sich Bücher nur im stationären Buchhandel als Print verkauft. Heute gibt es Online-Buchhändler und E-Books. Haben sich dadurch die Anforderungen an Klappentexte verändert?

BW: Eigentlich nicht, denn inhaltlich muss der Text ja dasselbe leisten, ob man ihn nun in der Buchhandlung direkt am physischen Buch oder im Internet liest. Er muss die Tür zum Buch öffnen!

HPR: Vielen Dank für das Interview

Die Homepage des Zsolnay & Deuticke Verlags findet sich unter: https://www.hanser-literaturverlage.de/verlage/zsolnay-deuticke

Nachwort

Sie sind mir durch eine Vielzahl unterschiedlicher Klappentexte und Pitchs gefolgt, haben gelesen, was erfolgreiche Selfpublisher und Lektoren ausgeführt haben, und ich hoffe, dass es Ihnen weitergeholfen und Spaß gemacht hat.

Der erste Klappentexte, der erste Pitch, ist der Horror für jeden Autor. Aber auch das kann man lernen – nicht zu vergessen, man kann es für das Verständnis seiner Geschichte nutzen.

So hoffe ich, dass dieses Buch Sie beim Schreiben befeuert, Ihnen einige Fragen beantwortet und vor allem: dass es Ihnen Mut zum Schreiben macht.

Und dass es mich überflüssig macht. Denn das Ziel jedes guten Lehrers ist es, dass seine Schüler selbstständig werden, dass sie Ihren eigenen Weg finden und Ihre eigene Stimme entwickeln. Ich wünsche mir, dass Sie Ihr eigenes, spannendes Werk vollbringen und dass sich die Verlage darum prügeln mögen, erst recht natürlich die Leser.

Wenn Sie an dem Buch etwas zu meckern haben, sagen Sie es mir, wenn es Ihnen gefallen hat, sagen Sie es anderen. Noch besser: Sie schreiben Sie eine Rezension. Das würde mich freuen.

In diesem Sinne verabschiede ich mich jetzt.

Ihr Hans Peter Roentgen

Anhang

Literatur & Links

Auf Deutsch gibt es leider nur wenig zu Klappentext und Pitch. Ich habe deshalb auch einige englische Links aufgenommen.

Links

Zum Pitch:

Die Literaturagentin Petra Hermanns:

http://www.literaturcafe.de/narrativa-literaturagentin-petra-hermanns-ueber-den-perfekten-pitch/

Die Schreiblehrerin Jurenka Jurk:

http://schreiben-und-leben.de/der-pitch-roman

Marcus Johanus von den Schreibdilettanten:

https://marcusjohanus.wordpress.com/2013/03/02/pitching-fur-anfanger-und-fortgeschrittene-wie-du-deinen-roman-in-einem-satz-zusammenfasst/

Paul Boross über Pitchen in der Wirtschaft

http://www.wiwo.de/my/erfolg/gruender/praesentationen-achten-sie-auf-die-augenbrauen/20325574.html?ticket=ST-1649532-R2bWQ7G56DSEgZF7366b-ap3

Pitchen im Filmgeschäft:

http://storymerchant.com/hiconceptloglinez.html

Zum Klappentext

Facebook Diskussion über den Klappentext:

https://web.facebook.com/groups/184413921615603/perm alink/1728668283856818/

Mike Wells, »A Secret« Formula for Creating a Short Synopsis for Your Book: http://ht.ly/bNzmd

Amy Wilkins, 5 Top Tips for writing a compelling Book Blurb:
http://romanceuniversity.org/2011/11/23/5-top-tips-for-writ ing-a-compelling-book-blurb-by-amy-wilkins/

Alana Falk, Schritt für Schritt zum Klappentext: http://www.alanafalk.net/schritt-fur-schritt-zum-klappentex t/

Zur Persona Darstellung der Zielgruppe:

https://www.gruenderszene.de/operations/persona-personas -entwickeln

Literatur

Hans Peter Röntgen, Drei Seiten für ein Exposé, Sieben Verlag, ISBN 978-3940235909

Randy Ingermanson, How to Write a Novel Using the Snowflake Method, CreateSpace Independent Publishing Platform (English)

André Hille, Titel, Pitch und Exposé für Romane, Text-manufaktur Verlag

Danksagung

Bücher entstehen nicht alleine. Auch meins verdankt seine Geburt zahlreichen Helfern.

Patrizia Prudenzi, du hast als erste den Text gelesen und mich bestärkt. Jana Franke, ohne die ausführlichen Diskussionen mit dir hätte ich nie meine heißgeliebten Darlings gekillt, die Wiederholungen vieler Textpassagen gestrichen oder das häufige Auftreten des »locken« im Text bemerkt. Christine Anlauff, du hast jede Menge Fehler im Text gefunden, Isabell Schmitt-Egner, du hast nicht nur das Cover entworfen, sondern mich auf eine endlose Liste von unvollkommenen und verschwurbelten Sätzen hingewiesen. Und meine liebe Nichte Ruth Deubele, du hast mich in dem Vorhaben bestärkt. Thorsten Simon hat auf der Frankfurter Buchmesse 2017 den Persona Fragebogen vorgestellt, danke auch dafür.

Allen denen, die mir ein Interview gegeben haben, die mir ihren Klappentext für die Diskussion zur Verfügung gestellt haben, gebührt Dank. Und den zahlreichen Menschen, mit denen ich über Klappentexte diskutiert, gestritten und gekämpft habe. Ein spezieller Dank gebührt auch der Waschbar in Potsdam, die mir mit viel Cappuccino und Lauchsuppe das Leben und das Schreiben erleichtert hat.

Last but not least gebührt allen meinen Lesern Dank, die es bis hierher tapfer ausgehalten haben. Wenn Sie Anregungen oder Kritik haben, mailen Sie mich einfach an: hpr@textkraft.de. Und wenn es ihnen gefallen hat, würde ich mich freuen, wenn Sie eine Rezension schreiben und es weitersagen.

Über den Autor

Hans Peter Roentgen beteiligt sich seit zwanzig Jahren an Schreibseminaren und Diskussionsforen. Beim größten deutschen Autorennewsletter »The Tempest« (www.autorenforum.de) war er von Anfang an dabei.

Daraus entstanden vier Schreibratgeber:

»Spannung - der Unterleib der Literatur«, »Drei Seiten für ein Exposé«, »Schreiben ist nichts für Feiglinge« und »Vier Seiten für ein Halleluja«, die alle zu Standardwerken unter den Schreibratgebern wurden.

Er coacht Autoren, lektoriert und beurteilt die Texte von Nachwuchsautoren und interviewt Autoren, Lektoren und Literaturagenten, darunter Andreas Eschbach, Sebastian Fitzek und Ursula Poznanski, und bespricht die ersten vier Seiten und Exposés von Lesern.

Auf seinem Blog (https://hproentgen.wordpress.com/) finden sich zahlreiche Artikel über das Schreiben, Beispiellektorate von Klappentexten und Exposés und vieles mehr.

Im Verband der Freien Lektorinnen und Lektoren (VFLL) ist er Koordinator für die AG Digitales und Selfpublishing, beim Selfpublisherverband ist er Mitglied des Beirats.

Er ist Mitglied im Verband deutscher Schriftsteller (VS), und im Syndikat (Verband deutschsprachiger Krimischriftsteller).

Homepage: http://www.hanspeterroentgen.de

Lektorate & Kurse

Hat Ihnen dieses Buch gefallen? Wer möchte, kann seine Schreibmuskeln im Textkrafttraining weiter trainieren.

Sie können bei mir ein Schnupperlektorat buchen, das umfasst die Bearbeitung und Korrektur von 4 Normseiten (max. 7.000 Anschlägen). Infos finden Sie unter:

http://www.hanspeterroentgen.de/Schnupperlektorat

Oder möchten Sie Ihr Exposé begutachten lassen und überarbeiten? Ich biete Exposé- und Plotdiskussionen an, Infos unter:

http://www.hanspeterroentgen.de/exposediskussion

Wer lieber im realen Raum an Texten und Exposés arbeiten möchte, kann in einem meiner Workshops mit anderen Autoren über die eigenen Werke diskutieren:
http://www.hanspeterroentgen.de/workshops.

Weitere Angebote und Kurse finden Sie auf meiner Homepage: http://www.hanspeterroentgen.de.

Ihr Hans Peter Roentgen

Vier Seiten für ein Halleluja

Profis sehen nach den ersten Seiten, woran ein Text krankt. Da wird zu viel erklärt, oder die Personen bleiben blass, oder der Text ist mit Adjektiven überladen oder ...

Wenn solche Probleme in einem Text auftauchen, wird der Lektor ihn schnell beiseitelegen. Probleme, die auf den ersten vier Seiten auftreten, setzen sich nämlich in aller Regel im Rest des Manuskripts fort.

Stimmen zum Buch

»Statt trockener Theorie nimmt Hans Peter Roentgen die ersten vier Seiten von Geschichten und analysiert diese auf eine sehr unterhaltsame Art auf Fehler oder Verbesserungsmöglichkeiten.« Bestsellerautor Christoph Hardebusch (»Die Trolle«, »Sturmwelten«)
»Brillante Idee, großartig umgesetzt.« Tom Liehr (»Geisterfahrer«, »Radio Nights«)
»Es macht Spaß, ‚Vier Seiten für ein Halleluja' zu lesen, niemals langatmig, oft habe ich breit gegrinst.« Sabina Lorenz, Autorin (»Die Fremde ist ein Ort«)

Leseprobe:

http://www.siebenverlag.de/leseproben/92/92.pdf

Vier Seiten für ein Halleluja, Hans Peter Röntgen
Sieben Verlag, ISBN 978-3940235367

Drei Seiten für ein Exposé

Exposés sind das Fegefeuer der Autoren. Leichter quetscht man einen Elefanten durch ein Nadelöhr, als dass man einen 400-Seiten-Roman auf ein Exposé eindampft.

Hier erfahren Sie, wie Sie ein Exposé schreiben, es verbessern und nutzen, um Schwachstellen Ihres Romans aufzuspüren, und was Sie an Verlage und Literaturagenten schicken sollten.

Zusätzlich:
– 15 Beispielexposés und wie man sie verbessert
– 6 erfolgreiche Exposés, die zu einem Verlagsvertrag führte
– 7 namhafte Literaturagenten verraten im Interview, was ihnen wichtig ist.

Endlich ein Buch, das Autorinnen und Autoren zeigt, wie man Exposés schreibt!

Leseprobe:
http://www.sieben-verlag.de/leseproben/91/91.pdf

Weitere Informationen:
www.hanspeterroentgen.de/expose/

Drei Seiten für ein Exposé, Hans Peter Roentgen, Sieben Verlag, ISBN 978-3940235909, 200 Seiten

Schreiben ist nichts für Feiglinge

In zwanzig Jahren hat Hans Peter Roentgen auf zahlreichen Seminaren und Treffen, in Foren und Diskussionszirkeln Autoren kennengelernt, die alle eins verband: Sie hatten keinen Verlag.

Doch im Laufe der Jahre änderte sich das. Einige konnten sogar Bestsellerkarrieren starten. Wie es dazu kam, die unterschiedlichen Wege zur Veröffentlichung, schildert das Buch. Auch wie Verlage arbeiten, welche Bedeutung Online-Rezensionen haben und das Feuilleton, wie Verlage zu neuen Autoren kommen, wo und wie sich Bücher verkaufen, kurz: alles Wissenswerte rund um den Buchmarkt.

Mit **Interviews bekannter Verlagslektoren, Literaturagenten** und Betreiber von Internetforen.

Schreiben ist nichts für Feiglinge – Buchmarkt für Anfänger, Hans Peter Roentgen, Sieben Verlag
ISBN-13: 978-3864431197, 208 Seiten

Leseprobe:
http://www.textkraft.de/.cm4all/iproc.php/Leseprobe/
Buchmarkt.pdf?cdp=a&cm_odfile

Weitere Informationen:
http://www.textkraft.de/buchmarkt

Spannung - der Unterleib der Literatur

In diesem Buch finden Sie:

Welche Spannungstechniken Erfolgsautoren wie Zoé Beck, Rebecca Gablé oder Nika Lubitsch verwenden.
Wie Sie die Spannung steigern können.
Checklisten, um Ihre Texte zu prüfen
Interviews mit Bestsellerautoren wie Andreas Eschbach.
Ein Lexikon mit Fachbegriffen, die Autoren kennen sollten.

Leseprobe:
http://www.siebenverlag.de/leseproben/92/92.pdf

Stimmen zum Buch

»... hat das Zeug dazu, zum Standardwerk in Sachen Spannung zu werden ... Ein Thema, von dem ich finde, dass es in der Schreibliteratur bisher grob vernachlässigt wurde.« Die Schreibdilettanten (Axel Hollmann und Marcus Johanus)
»So finden sich in Roentgens Buch keine Schemata, keine allgemeinen «Spannungsformeln» Er erarbeitet die verschiedenen Techniken vor den Augen des Lesers anhand zu diskutierender Einzeltexte« Textart 1/2015
»Roentgen erzeugt Spannung, indem er weder erklärt noch doziert. Er baut geschickt Textproben, Fragestellungen und Übungen ein ...« Der Verleger und Autor Ruprecht Frieling in der »Literaturzeitschrift«

Spannung - der Unterleib der Literatur,
Hans Peter Roentgen, ISBN 978-3-734735325

Index